成语笔记

CHENGYU BIJI

匡成鸣 著

文匯出版社

图书在版编目（CIP）数据

成语笔记 / 匡成鸣著. -- 上海 : 文汇出版社, 2022.7
ISBN 978-7-5496-3793-5

Ⅰ. ①成… Ⅱ. ①匡… Ⅲ. ①汉语—成语—青少年读物 Ⅳ. ①H136.31-49

中国版本图书馆CIP数据核字(2022)第103982号

成语笔记

（本书获2021年上海文化发展基金会图书出版专项基金资助）

作　　者 / 匡成鸣
责任编辑 / 周卫民　乐渭琦
装帧设计 / 吴嘉祺

出版发行 / 文匯出版社
上海市威海路755号
（邮政编码200041）
经　　销 / 全国新华书店
印刷装订 / 常熟市人民印刷有限公司
版　　次 / 2022年7月第1版
印　　次 / 2022年7月第1次印刷
开　　本 / 890×1240　1/32
字　　数 / 150千
印　　张 / 6.875

书　　号 / ISBN 978-7-5496-3793-5
定　　价 / 38.00元

序

成语有中国汉语“活化石”之称，字数简短，结构精练，朗朗上口，风趣生动，寓意深刻，深得人们喜爱。2017年7月，中央电视台推出的《中国成语大会》吸引了社会各阶层各年龄段人们的参与和关注，节目火爆，收视率空前，充分展示了博大精深的中华文化的语言文字之精妙和优美，反映了当今科技、信息高度发展的同时，人们依然不减对传统文化传承的热情。

关于成语方面的书籍不少，除《汉语成语大辞典》《中国成语大辞典》《常用成语词典》等外，一些文化学者和机构也出过诸多专著，如河南大学教授王立群的《智解成语》、北京语言文字工作委员会组织编撰的《奇妙的成语世界》等，对成语做了十分详尽的阐述。随着时代变迁，成语在流传中有些词义已经发生了变化，如“差强人意”“相濡以沫”等，当然这也是“众口铄金”“无可奈何花落去”的事，想回归本义已经是不可能的了。还有些成语，人们在使用时往往只重其字面意义，因不求甚解而忽视了该成语原有的内涵。依我个人以往工作中的心得，不论是在写请示、报告或是在与他人沟通交流中，使用成语往往会使表述内容显得活泼、有内涵，别人也会觉得你还有点儿文化，从而为自己的“人设”增色不少。

有时，女儿也和我一起探讨成语的有关话题。她的介入和鼓励使我对成语的兴趣陡增，丰富优美的词汇、生动活泼的故事，还有故事里栩栩如生的人物无不吸引着我，进而觉得与其为备考而学，还不如把一些或耳熟能详，或生僻的成语，结合自己的理解，权且作为学习心得记录在案，这样不仅可以温故知新，从中得到意想不到的乐趣，同时还可以成为我们生活和情感的一份珍贵记录。

随着一个个成语的摘录，我越发体会到中华文化的博大精深，以及通过这种文化从人们骨子里透出的生产方式、生活习惯和生存状态所表达的价值追求，向世界表明这是一个独一无二的伟大民族，我也因为能够作为这个伟大民族的一分子而感到无比光荣和骄傲。

既然是笔记，因此我就信马由缰，顺势利用笔记具有的随笔记录、不拘体例的特点，没有刻意设立什么主题，更无说教的意图。需要特别说明的是，笔记中成语所涉及的词语以及成语的解释，以《辞海》《汉语成语大辞典》《中国成语大辞典》《新华成语词典》（第 2 版）为准，解读则是我个人的理解和感悟，不妥之处望各位不吝赐教。

目录

爱屋及乌

——圣人追星也“疯狂”

话题是从查《成语词典》开始的。有一天，女儿问我：“成语一般都是由四个字组成的吧？”我回道：“是的。”她又问：“最长的成语由多少个字组成？”我一时语塞。虽然我知道三个字的有“破天荒”“闭门羹”，五个字的有“三思而后行”“恨铁不成钢”，六字成语有“有志者事竟成”“出淤泥而不染”，七个字的有“不为五斗米折腰”“多行不义必自毙”，八个字的有“人为刀俎，我为鱼肉”“一夫当关，万夫莫开”……但要说字数最多的成语，我还真不知道。既然不知道，那就查呗。

结果，最多字的成语好像没有确切的答案。商务印书馆出版的《新华成语词典》（第 2 版）共收成语 10481 条，经我粗略点阅，其中三个字、五个字以上的约 144 条，占比 1.37%。字数最多的成语是十个字的“工欲善其事，必先利其器”等（也有可能老眼昏花，未能查细）。我很纳闷为什么有十二个字的“飞鸟尽，良弓藏，狡兔死，走狗烹”，还有十四个字的“踏破铁鞋无觅处，得来全不费工夫”（是否因为有“踏破铁鞋”的缘故）等没有被收入。

不过，倒是有了意外的收获，真是“温故而知新”。

不同版本的成语词典，一般都是以汉语拼音为序的，因此，总能在前几页看见“爱屋及乌”这个成语。这是个人们非常非常熟悉的成语，

盘盂相敲

——神仙也食人间烟火

女儿小时候有只玩具青蛙，发条满弦松开后会不停地跳跃。后来她长大了，这只青蛙不知放到了哪里。不过我还是会时常想起她小时候玩青蛙的模样，还有那只绿色的玩具青蛙，由此想起了一条与蛙有关的成语“盘盂相敲”。

《中国成语大辞典》对“盘盂相敲”的解释是——

盘盂：古代两种盛器。盘口小而腹大，盂敞口。比喻家中争吵，发生口角。

出自清代蒲松龄《聊斋志异·卷十一·青蛙神》：“且盘盂相敲，皆臣所为，无所涉于父母。”（家中因锅碗瓢盆相碰而引起的矛盾争执都是由我而起，与父母无关）。这是蒲松龄故事中主人公在岳父母面前怒责妻子蛙女的话。

蛙也指蟾蜍，蟾蜍崇拜在上古时期就是先民们崇拜自然的一种文化现象，传说与女娲相关。女娲与嫦娥互为变身，寓意多子多孙、风调雨顺。蟾蜍可以入药。蟾蜍还因掌管长生不死仙丹而受到众生顶礼膜拜，“蟾宫折桂，科举及第”更成了莘莘学子的最高期望。

“盘盂相敲”的故事说：江汉（即江汉平原，位于长江中游，湖北中南部）一带，民间有祭拜蛙神的风俗，普遍善待青蛙，青蛙便以祠堂为家。薛家有儿名叫昆生，六七岁时被蛙神指定与蛙女结为娃娃亲，长大后，昆生某日回家途中被引入岳父母家（祠堂）与未婚妻十娘相见。这段人神婚姻本不平常，但是人间过日子却又是实实在在的平常，一样会产生矛盾，会发生争吵。不过他们的争吵又不一般，不仅一而再、再而三地分居（一个要休妻，一个出走回娘家），甚至还发生了放火烧房舍的极端行为。

新婚伊始，特别是蛙神给薛家带来了粮食丰产、买卖兴隆，小两口儿和昆生父母一起过了几天幸福生活，后来因为与十娘一起来的众蛙渐有喧宾夺主之态，昆生心生不满进而动辄责罚，十娘很生气，认为昆生忘恩负义。吵着吵着，昆生一怒之下，就把十娘赶出了家门。当天晚上，昆生母子都发烧生起了病，老父亲赶忙奔赴祠堂赔罪，三日后病才痊愈，十娘也自己回来了，双方和好如初，这是第一次争吵而休妻。第二次，因十娘不善女红，与婆婆产生龃龉，昆生见老母伤心流泪遂与十娘矛盾升级，昆生再次将蛙女赶出家门。次日，家中便发生火灾，好几间房子、床铺、桌椅板凳悉数被毁，家人大骇。就是在这第二次吵架中，昆生怒赴祠堂指责岳父母，说了“盎盂相敲”的话，并且威胁说：“刀锯斧钺，即加臣身。如其不然，我亦焚汝居室，聊以相报。”意思说：要杀要剐冲我来就是了，否则我也烧你们的家。说罢就往祠堂堆柴要点火，经众人阻拦才未点着。蛙神自知理亏，托梦给乡邻，让他们帮助昆生建房，不几日，被毁的房舍修葺一新，连被子褥子、桌椅板凳、餐具都置办得妥妥帖帖。家重新安置好了，十娘又自己回来了，还一一上门谢过众人，对昆生也是满脸的和颜悦色。矛盾再次缓解，家中复归太平了好几年。第三次，因为蛙女怕蛇，而昆生偏偏喜欢用匣子养小蛇，还让十娘一起看。因为蛇是蛙的天敌，

耶律洪基有出轨之兆，就作词《回心院》十首，令伶人赵惟一谱曲，耶律洪基听后深受感动，打消了移情别恋的念头。总体上两人婚后可称感情甚笃。

宰相耶律乙辛长得仪表堂堂，机敏过人，文武双全，屡建功勋。特别是因平叛深得道宗信任，被封魏王，一时权倾朝野，为所欲为，前后专权 14 年。耶律乙辛几次勾引萧观音皇后不成，又因太子（萧后亲生儿子）开始涉政，产生了强烈的愤恨，“遂藉机罗织”。他精心设计了三招：第一招，利用萧后素好音律善书法的特长，命人伪作淫词《十香词》，散布诬陷萧后与伶人赵惟一通奸的谣言；第二招，利用宫女骗取萧后的手书歌词，歌词中暗嵌“赵惟一”三个字，作为萧后与伶人通奸的证据之一；第三招，组织人马四处传播谣言的同时，纷纷向耶律洪基写“举报信”。说萧观音与赵惟一，一个填词一个谱曲，暗中传递两人之间的隐秘（也许这是“暗通款曲”的原意）。最终，三管齐下的结果引得道宗震怒，赐死了萧后。

20 多年后，萧后的孙子天祚帝继位，奶奶的冤案得以昭雪。

人们都说“谣言止步于真相”，还说“正义也许会迟到，但不会缺席”，然而残酷的现实往往是“真相正在穿鞋时，谎言已经游遍了世界”“谎言重复一千遍就成了真理”。在来势汹汹的诽谤、流言面前，真相显得那么苍白无力，那么式微无助，因为谎言如暗箭，占据主动地位，可以在任何时间、从任何方向把真相射得体无完肤，而真相却根本没有时间做出回击的准备。因而内心卑鄙、恶毒的人，因为先天失去了光明磊落的性格，为了自己的利益（甚至自己并无利益可得），尤其喜欢使用欺骗、造谣、诽谤、恶意等下三烂手段中伤他人。如果说在一个法治健全的社会，人们可以通过法律维护自己的声誉和权益，那么在弱肉强食的国际间，正如美欧政客变本加厉对我栽赃抹黑，不妨采取“以其人之道还治其人之身”的办法，否则你老是被动地跟在他后面解释，永远都无法“以正视听”，因为他是从来不讲道理的，压根儿就没有想过要讲道理。

“暗通款曲”，好可怜的道宗皇后啊！虽然你的名字叫萧观音，却没有“观音”的一丁点儿能耐。每次使用这个成语，总会想起被冤枉的萧皇后，甚至还似有亵渎萧后的歉意，不如换个其他的成语用用。看官，你以为呢？

班门弄斧

——鲁班姓什么

鲁班果真姓鲁吗？否。

不同版本的成语词典，对“班门弄斧”的解释大同小异。《辞海》的解释简洁明了：

鲁班：我国古代的建筑工匠。公输氏，名般，春秋时鲁国人。般与班同音，故称鲁班。曾创造攻城的云梯和磨粉的硙（wèi，磨子），又相传曾发明木作工具。旧时建筑工匠尊其为“祖师”。

班门弄斧：班，鲁班，古代的巧匠。在鲁班门前舞弄斧头，比喻在行家面前卖弄本领。柳宗元《王氏伯仲唱和诗序》：“操斧于班、郢（yǐng，楚国都城，今湖北省江陵一带）之门，斯强颜耳。”

应该讲，《辞海》对于鲁班姓什么已经说得很明白了：鲁班，公输氏，名叫般或班。只是对于人们为何称鲁班并无详细交代，因为他是山东人，就一定叫鲁班吗？

相传鲁班生于世代工匠之家，从小就跟随大人参加许多土木工程建设，粗细木工活儿样样在行，积累了丰富的实践经验。鲁班勤于动脑，创造发明了许多器具和工具，如磨、碾、伞、锁、作战登城用的云梯；工具则有“矩”（曲尺）、墨斗、刨子、凿子、钻子，据说还有锯子等。他善于分（切）割木材，将它们制作成各种用具，传说他造的木鸟可以连续飞行三天不落地，是硕果累累的发明家，人称“巧人”。

由此可知，公输般之所以被称为“鲁班”，是人们为方便交流，往往将国籍（地域）作为一个人的身份标识，即便当代也还是如此，如“小广东”“老宁波”等。所以俗称“山东班”，山东简称“鲁”，叫“鲁班”也就顺理成章了。名字叫“班”，则是因为他的手艺或特长，他的师兄瓦匠祖师张班也因其手艺而称“班”。

“班”这个字在《辞海》里有分赐、分别、排列等级、铺开、通“般”等十二个义项。我以为除此以外，根据字的象形意义（两块玉中间一把刀），还有把玉等物体分（切）割开来的义项。比如按学习难易程度和教学进度，把年龄差不多的学生分成若干的人数单位，一（1）班、高二（2）班等。公输般所从事的木匠活儿，就是将不同质地的木料，按照用途，将其分割加工（班）成大小不一、尺寸各异的形状，再依照设想组装成各种器具。实际上正是因为鲁班善于分割木头等材料，制作精巧器具，才被人们称为“鲁国‘巧人’”。由于他的天分，致使鲁国“巧人”的名声远超他的本名，而其本名反倒不被人所知。

再强调一下，《辞海》没有说他姓鲁，明确说是公输氏（古时母系称姓，父系称氏，后来姓和氏不分统称姓），因为是山东人，故人称“鲁班”。也可以这样表达：姓公输，名班，叫公输班。不过，这是书面语言，口头语言：人称“鲁班”。

能够以国籍和自己的才能而冠名，是一件十分荣耀的事，绝对是为国争光，为行业添彩，也是光耀门楣的事。因此人们只知鲁国有一个善于分（切）割木料、精于制作器具的巧人鲁班，而忘了他本姓公输，名般，又名盘，倒是值得他本人和山东人民乃至我们中华儿女骄傲的一件事。

才贯二酉

——从一个传说看伏生对中华文化传承的贡献

贯：贯通。

二酉：指大酉山、小酉山，在今湖南沅陵。相传两山都有洞穴，小酉山洞中有书千卷，秦人曾在这里隐居学习。后用“才贯二酉”形容读书很多，才学渊博。（商务印书馆《新华成语词典》第2版）

《郡县志》：“大酉山有洞，名大酉。小酉山在酉溪口，山下有石穴，中有书千卷，旧云秦人避地隐学于此。自酉溪北行十余里，与大酉山相连，故曰二酉。”

这两个出处都说，大、小酉山有藏书千卷，是秦代的学者在此读书留下来的。可是，藏书的人是谁？秦人是谁？又为什么在此读书？语焉不详。

传说是秦博士伏生所为，这个传说流传于湖南怀化市沅陵一带，还被冠以非物质文化遗产保护项目。相传早在黄帝及商周时代都有人在二酉洞藏过书。秦末博士伏生冒死从都城咸阳偷运出各类经典书籍千余卷，下泾水至汉水，由长江入洞庭，溯沅江上酉河，历时两个多月终于到达二酉洞，使先秦文化典籍得以流传后世。后来，汉皇帝亲封二酉藏书洞为“文化圣洞”，将二酉山立为“天下名山”，建有“伏胜宫”和“藏书洞”。从此，此山此洞就成了读书人向往的地方。

这个传说很感人，可是经不起推敲。首先，千余册书都是竹简或木牍（一般公认，纸张的普遍使用是在公元105年以后，由东汉的蔡伦发明了造纸术），一页就是一卷，几百卷才是一本书（所以，古人动辄读书破万卷不是什么难事，和今天书的计量单位不是同一概念），如此海量的竹简所需的运载工具怎么解决？其次，从咸阳到沅湘足有两千多里路，那时的道路不仅有限且尚未完全车同轨，陆路、水路转运、装卸绝对是项复杂的工程，人力物力财力等一系列统筹协调怎样操作？再次，腥风血雨的环境下这么大的动静，保密工作是如何保证的？所以这个传说是靠不住的，“二酉山”“二酉洞”并未成为十分著名的旅游热门景点、成语“才贯二酉”很生僻，大概都缘于这个传说的不靠谱儿。

之所以有这个传说，是人们为了褒扬伏生传承《尚书》的伟大功绩，也是迎合褒扬儒学、贬低秦始皇的“主流意识形态”的需要。这个附会的传说还寄托着历代文人不屈的气节，体现着知识分子内心的刚强和中华民族的文化精神。

伏生，亦称伏胜。西汉今文《尚书》的最早传授者。济南（郡治今山东章丘南）人。曾任秦博士（我理解为伏生大概相当于国家图书馆馆长兼博士生导师）。汉文帝时，派晁错向他学《尚书》。西汉的《尚书》学者，都出于他的门下。今本今文《尚书》二十八篇，即由他传授而存。相传他还作有《尚书大传》，疑是他的弟子张生、欧阳生或后来的博士们杂录所闻而成。（《辞海》）

司马迁的《史记》在《史记·儒林列传第六十一》有伏生的传，当中只记有其藏书于壁的事而未有转运、藏书于二酉之说。事实上，秦始皇焚书并非将全部书籍烧毁，其针对性很强，有范围，也有时间

代马依风

——那故乡的风、那故乡的云

约20年前，我去克罗地亚。导游兼司机是一位看上去有六十来岁的东北人，身板不像东北人那般壮实，戴一副眼镜，很斯文的样子。“老乡见老乡，两眼泪汪汪。”免不了寒暄几句，小老头儿似乎很拘谨，我问一句他答一句，爱理不理的样子，全然没有一丁点儿东北人的热情豪放。几天接触下来得知，他原来学的是斯拉夫语，十多年前利用公派学术交流的机会在克罗地亚“黑”了下来。我问他，这么些年回过国没有？他说没有。一来身份才刚刚搞出来不久，二来想回不敢回。家乡的人认为自己叛逃出去一定有门路，混得应该不错，其实连个固定工作都没有。兼职做导游、司机一个月也没几个团，只能四处打工。这不，六十多岁了，还在漂泊。边说边摇头叹息，真后悔当初哇！我说，那你下决心回去得了，现在国内发展得很好，机会也很多。他说他除了会说斯拉夫语，其他什么都不行，要力气没力气，要技能没技能，回去能干个啥？过了一会儿，他喃喃自语道，以后我肯定是要回去的。经过旅游纪念品商店时，他把我带到卖书籍的柜台，从书架上拿下一本中英文对照本《克罗地亚旅游导览》，不无得意地说：“看，这是克罗地亚第一本中英文旅游导览书，我写的！”我翻了一下，照片文字都很不错，称得上图文并茂，就随口夸了他几句。那天大概是他说话最多的一次。几天后，我们离开萨格勒布，在机场换好登机牌后，我对他说：“谢谢这几天的陪伴，请早点儿回去休息吧。”他依依不舍地说：“我等你们进了候机厅再走。”当我们拐进去，再次朝他挥手时，只见他头上几缕花白的头发耷拉在额前，摘下眼镜，正在擦拭着眼泪。这一幕给了我酸楚的感慨，五味杂陈。是短短几天他与我们结下了深厚的友谊？显然不是。而是他见到家乡人，激起的思乡情倍增所致。我从心里情不自禁地感叹：真是代马依风啊！

代马依风：比喻人心眷恋故土，不愿老死他乡。代马，北方所产良马。代，古代北方郡名。《后汉书·班梁列传》：“超自以久在绝域，年老思土。十二年，上疏曰‘臣闻太公封齐，五世葬周，狐死首丘，代马依风。夫周齐同在中土千里之间，况于远处绝域，小臣能无依风首丘之思哉’？”《汉语成语大辞典》

桓宽《盐铁论·未通》说：“故代马依北风，飞鸟翔古巢，莫不哀其声。”骏马眷恋北方的故乡，鸟儿留恋旧巢，悲哀的鸣叫声令人同情。一是说北方人不愿内迁，二是说内地戍边几十年的军人渴望回到内地，都是一个意思，眷恋家乡。如王符在《潜夫论·实边》中写道：“且大人重迁，恋慕坟墓，贤不肖之所同也……代马望北，狐死首丘，边民谨顿，尤恶内留。”王符反对官员因害怕羌族入侵而不择手段将边民迁往内地，给人民带来深重灾难。他用马和狐狸作比喻，主张坚守边疆，建设边疆，充实边疆。他认为，人们往往安心于故土而不轻易迁徙，留恋思念祖坟。民众对于迁徙，比犯法被处死刑更害怕。犯法被处死，只不过家里有一个人死了而已，至于失去家园，离开故土，远徙他乡，既不熟悉他乡的风俗习惯又不适应异地的水土，结果大多客死他乡，很少有人能活着返回家乡。代地的马被卖到内地后总是向北眺望，狐狸死的时候总把头朝向出生的山丘，何况人呢！边疆的民众虽拘谨愚昧，即使常受羌人骚扰祸害，却还是憎恨迁往内地，宁可守着家园而死也不愿去到远方，反映了农耕文明时期人们安土重迁的思想。

代国的区域范围大约为今山西大同、河北蔚县一带。代国是个穷地方，农业和商业都不行，但优势是彪悍的民风和马场盛产优良的马。代马血统纯正，通人性，性情温驯，不择食，喜欢选择清洁干净的地方休息，耐力强，识途。代马不管被卖到哪里，干着怎样的苦活儿累活儿，它都会常常抬起头，向着北方，向着它的故乡声声嘶鸣。我相信，任何人看见这样无可奈何悲壮的情景，特别是在外打拼的游子，眼里一定会落下滚滚的思乡泪。

而范晔的《后汉书·班梁列传》，是说69岁的班超在西域已经戍边31年，给皇帝上疏：我听说当初姜太公吕尚被封齐地后直至子孙五代，死后都返葬周地（吕尚祖居河南南阳，属周地）。即便是狐狸、骏马，无论生死，都时刻眷恋着家乡。周地与齐地不过相距千里，而我在万里之遥的西域，怎能不思念故乡！皇帝看了班超的信非常感动，就让他回到洛阳担任射声校尉（汉武帝时设立的武将官名，射声：指善射，意为听见声音就能射中；校尉：东汉时属北军中侯，领宿卫兵，年俸2000石，约20万斤粮）。返乡不久，班超旧病复发，御医也无力回天，终年71岁。

大家都在说要记得住乡愁，可是乡愁是什么？乡愁又该包括些什么？恐怕还需要深入研究，并花大力气，才能真真切切地把乡愁记住。

乡：甲骨文两人对食为乡，以酒食招待别人；乡还是行政区划单位。

愁：忧伤的心绪、愁虑，思念、担忧、挂念的情绪。

自古以来写乡愁的作品太多太多，我以为诗人余光中的《乡愁》是最为朴实、极具真情的一首：

小时候，乡愁是一枚小小的邮票，我在这头，母亲在那头。

长大后，乡愁是一张窄窄的船票，我在这头，新娘在那头。

后来啊，乡愁是一方矮矮的坟墓，我在外头，母亲在里头。

而现在，乡愁是一湾浅浅的海湾，我在这头，大陆在那头。

整首诗连头带尾90个字，没有华丽的辞藻，没有绚丽的修饰，可是却打动了无数人的心，读着读着，情不自禁就泪眼婆娑，潸然泪下。

乡愁的魅力是因为有依然还在的乡土和乡景，山清水秀、天蓝地绿、小桥流水、山川白雪，还有自然村落如画般真实地展现在眼前，而不是只有在脑海里才有的回忆重现，不是土地商业化的开发，不是千村一面的乡村游和民居客栈。所以，习近平总书记强调“绿水青山就是金山银山”！

乡愁因为有依然熟识的乡亲，而不是空心化的村舍，不是只有步履蹒跚的老人和儿童，而应该是这块土地上的乡亲已经掌握了知识，并且正在为脚下的这块土地劳作。所以“读书是为了走出大山”根本就是个错误的口号，都离开了家乡，家乡怎么办？每一寸土地都是祖先留给我们的宝贵财产，都是先烈用热血和生命换来的，都是中华人民共和国的一部分，都走出大山了，大山怎么办？

乡愁因为有原汁原味的乡音，还有鸡鸣犬吠和鸟语花香，不是南腔北调的嘈杂，也不是机器的轰鸣和城镇化的喧哗。踏上家乡的土地，一句方言、一首山歌，足以让游子泪流满面，感慨万千，让人重拾起“老腔”的高亢激昂，再缓缓听一回“社戏”的余音绕梁。

乡愁因为有忘不掉的美食，而不是“星巴克”“必胜客”攻城略地的战场，糍粑、松糕……每样家乡特有的食物，不仅能满足游子的味蕾，还能够让他时不时地念想，哪怕他已经两鬓斑白，身在异国他乡。

乡愁因为有传承着的淳朴民风、民俗，还有民间艺人和工匠，甚至还有乡里自己的节日、纪念日，还有鲁迅先生故乡的“社戏”和舞龙、狮子滚绣球。

乡愁还因为有独特的乡间滋味和气息。也许初来乍到的客人闻不惯乡间的泥土味，也许还会厌恶家畜的屎尿味，但这就是人间最美不过的生活气息和烟火味，但愿它不会被各种机械的柴油味、铜臭味所替代。

乡愁还因为有难以磨灭的感人的乡间事和透着浓浓的温馨的乡情。一起打猪草的小伙伴、解救你脱出泥潭的同学、你几十他几百凑钱供你读书的众邻里，闭上眼睛就像发生在眼前……

有了这一切才叫乡愁，而没有了这一切那就只剩下愁了，而且是无尽的愁。“代马依风”中代马仰天北望，依恋着的一定是这样的故乡，美丽、温馨、可爱的故乡。

雕虫篆刻

——雕的什么虫，要的什么技

这个成语不如它的近义词“雕虫小技”和“雕虫小艺”使用得频繁，《辞海》里是这样解释的：

雕虫篆刻：比喻小技、小道。扬雄《法言·吾子》：“或问：‘吾子少而好赋？’曰：‘然。童子雕虫篆刻。’俄而曰：‘壮夫不为也。’”按，西汉学童必习秦书八体，虫书、篆写刻符是其中的两体，纤巧难工。以喻作赋绘景状物，与雕琢虫书、篆写刻符相似，都是童子所习的小技（有人问西汉文学家扬雄：您年少的时候是不是很喜欢写赋？扬雄回答说：是的。不过那只是小孩子学雕鸟虫学篆刻的事，长大了就不再做这些了。可见雕虫篆刻属于莘莘学子的童子功）。

由此可见，虫是指鸟虫书（以鸟形修饰的文字），是古代汉字的一种字体，也是艰涩难懂的文字。雕虫就是把鸟虫书雕刻在竹简、木牍上，有帛、纸以后，则把鸟虫书画在上面。

雕虫篆刻比喻微不足道的技能。多指文字技巧、刻意雕琢辞章的技能，泛指作品的水准。用于他人含贬义，自谦则含褒义。

《说文解字·叙》中说：“自尔秦书有八体：一曰大篆，二曰小篆，三曰刻符，四曰虫书，五曰摹印，六曰署书，七曰殳（shū）书，八曰隶书。”中国的文字最初由象形而起，字画同出一源，文字在表意为主的同时，在特定的场合还反映一定的装饰功能。春秋中期，上古氏族对鸟的崇拜在字体书写中得到了传承，开始有一种成系统的装饰性字体，这种字体的笔画较为曲折，文字中也有着象形的鸟纹。它的最大特色就是在文字上添加鸟形纹饰，或用鸟纹替换文字中的部件。繁复者会添加许多栩栩如生的鸟纹，简单者则勾勒出鸟的轮廓。这种字体一时盛行，后世称之为鸟虫书。

正因为鸟虫书的庄重、华美，常常篆刻于青铜器等器具、兵器上起到装饰作用，秦统一六国后将其规定为“书同文”的“秦书八体”之一。

这个成语的出处除了《法言·吾子》还有《北史·李浑传》：“雕虫小技，我不如卿。国典朝章，卿不如我。”说的是北齐重臣李浑是个大学问家，曾对著名史学家、文学家魏收说：写国学文章我不如你，但是制定国家典章制度你就不如我了。颇有文人相轻的酸腐味，但是李浑对魏收的才华（包括写鸟虫体）还是认可的。

西汉初年，虽无科举制，但“举孝廉”包括“荐茂才”入仕还是需要经过一定的笔试的，鸟虫书是笔试的内容之一。《汉书·艺文志》说：“太史试学童，能讽书九千字以上，乃得为史。又以六体试之，课最者以为尚书、御史、史书令史。”就是说，当时认得九千个字只是基本条件，然后是考书写能力，古今六种字体写得好的人才有可能当更大的官，最优秀的可以当尚书、御史一类的高官。更有甚者，如果字写得不好，还有可能受责罚。

雕虫小技这个成语李白《与韩荆州书》就有使用。唐代唐睿宗、唐玄宗时期的政治家韩朝宗，任京兆尹（相当于首都的最高行政长官）、工部侍郎，是个热衷于推荐人才的人。大才子李白就写信给他，希望能通过韩部长推荐谋得一份好工作，信的末尾李白写道：“恐雕虫小技，不合大人。”诗仙李白才华横溢，却自谦地说，我的文字恐怕只是一些微不足道的小伎俩，有负大人的期望。但其中也不乏奴颜婢膝的不得已。

虽说“雕虫小技”是个童子功、真本事，但鸟虫体本身却也有它的弊端，比如书写繁复，辨读困难，普及性、实用性差。战国末年，鸟虫体文字的日常交流功能日衰，逐渐沦为器具上的装饰，许多读书人也就视其如同“鸡肋”，称其为“小技”。汉唐时期虽仍然有使用，也仅仅限于印章、幡信或工艺品上，文人雅士作为炫耀学识的资本。当然即便如此，鸟虫书作为高雅艺术字体的代表一直流传在各种作品中，楚“王子午鼎”上就有。唐代最为著名的鸟虫书是武则天的升仙太子碑碑额“升仙太子之碑”六个字。清代出的《历朝圣贤篆书百体千文》仍然把鸟虫书收纳在内。

足以见得，认识、理解鸟虫书并能将其刻画在器具、印章上的“雕虫”之技，绝非微不足道的小技。可以毫不夸张地说，时至今日，鸟虫书已经犹如书法金字塔，不用点儿真功夫，不经过长期、专门的研习训练，是登不上去的。哪怕你是名头再大的书法家、学术泰斗，懂得并且会雕刻鸟虫书的恐怕还真的没有几个。

冬烘先生

——金榜题名有时靠运气

冬烘：迂腐，浅陋。五代王定保《唐摭言·误放》："郑侍郎薰主文，误谓颜标乃鲁公之后……寻为无名子所嘲曰：'主司头脑太冬烘，错认颜标作鲁公。'"后用"冬烘先生"指迂腐、糊涂而又学识浅陋的老学究。（《新华成语词典》第2版）

"冬烘"从唐宣宗大中八年（公元854年）科举主考官郑薰的名字演化而来。薰：意为烧灼、烘烤；烤，音同考官的考；冬天烘烤又合薰烤之意。

《唐摭言》是王定保写的一部笔记体小说，前三卷汇录科举掌故，其余十二卷按类记叙科举士人言行。其中《误放》（错误确定科考录取名单）一文记载："……时徐方未宁，志在激劝忠烈，即以标为状元。谢恩日，从容问及庙院。标，寒畯（jùn，指出生寒微而才能杰出的人）也，未尝有庙院。薰始大悟，塞默而已。"

唐宣宗大中八年（公元854年），工部、礼部侍郎郑薰担任全国科举考试总考官，阅卷中看到了颜标的名字，以为是大书法家、平叛英雄颜真卿的后人。郑侍郎考虑到"安史之乱"后的影响，藩镇动荡时有发生，为激励学子们忠君报国树立个榜样，郑薰提议并经皇上同意，将颜标定为第一名状元。新状元按惯例登门感谢主考，交谈中，郑侍郎问及颜家祖上特别是颜真卿的宗祠情况。颜标回答说，家境贫寒，尚未有建宗祠。郑薰一时语塞，尴尬万分，始知颜标非颜真卿之后，由于自己疏忽大意，错点了头名状元。因此，被人们嘲讽：主考头脑混沌，错替颜标认祖宗 。

“冬烘先生”事件发生在他当主考官期间，郑总考官错点颜标也是事出有因的，相当程度上是出于对满门忠烈的敬仰，出于对江山社稷的安危着想。颜氏祖先不仅有大学问家颜师古等名人，而且“安史之乱”及以后的平叛中先后有颜真卿的堂兄颜杲卿父子三十来口壮烈惨死在叛将之手，颜真卿 76 岁高龄时，慨然受命赴敌营，慷慨激昂宣读政府令，被李希烈缢杀。所以皇上没有因为郑薰“错点鸳鸯”而办他个“欺君之罪”。

鲁公（709—785），即颜真卿，字清臣，京兆万年（今陕西西安）人，唐代大臣，书法家，开元进士，任殿中侍御史。因被杨国忠排斥，出为平原（今属山东）太守。安禄山叛乱，他联络从兄杲卿起兵抵抗……历官至吏部尚书，太子太师，封鲁郡公，人称“颜鲁公”。德宗时，李希烈叛乱，他被派前往劝谕，为希烈缢死……书法初学褚遂良，人称“颜体”，后人辑有《颜鲁公文集》。（《辞海》）

颜标虽与颜真卿没有血缘关系，但“500 年前是一家”却也丝毫没有辱没颜家的颜面。颜标任饶州刺史（地方最高行政长官）时，遇王仙芝叛乱，其部将王重隐率军攻打饶州，颜标立即组织军民抵抗，终因寡不敌众，城破身亡。由此看来，颜标虽是个被误点的状元，但绝非不学无术之人，相反则属学霸无疑，能进入殿试没有点儿真本事想都不要想。后来他不论在地方做官的业绩，或是在平定暴乱中的表现，也都完全对得起郑薰这位考试院院长的。

平心而论，用“冬烘先生”形容或者讽刺人家全国高考主考官郑薰迂腐、浅陋、不明事理是很不公平的。郑薰不仅正直清廉，而且是个很讲政治的官员，国家需要有献身精神的人，他就把“英雄的后代”选拔上来，只是对其背景调查得不仔细，粗糙了一些（那时还没有民主推荐、访谈、考察和政审这些程序）。他一点儿都不迂腐，事理明得很。浅陋更和他不沾边儿，他能诗善文，《唐阙史》《新唐书》中载有郑熏传略；《唐诗纪事》中刊有郑诗。

可是有什么办法呢？“一失足成千古恨”，误点一状元，误解两个人。误解一，以为主考官郑薰是个浑浑噩噩的糊涂蛋。误解二，以为颜标因为姓颜而捡了个便宜，成了头名状元。其实，史料记载这两个人都是有真才实学的，特别是郑薰老师真的很冤，因为求才心切，一时疏忽给世人留下了讥讽的口实，正所谓“好事不出门，恶名传千里”。看来官当得越大越不能犯错，小错也不行，因为影响太大太大。这不，一千多年过去了，还没平反呢，恐怕也没人给他平反了。

堕甑不顾

——真正潇洒的人生态度

堕：落下。

甑：（zèng）古代蒸食炊器。底部有许多透蒸汽的孔格，置于鬲或釜（大口锅）上蒸煮，如同现代的蒸锅。也有无底另外加箅的。新石器时代晚期已有陶甑，商周时代又有青铜铸成的。（《辞海》）

“堕甑不顾”比喻心胸豁达，对过去的事情不再计较。（《新华成语词典》第2版）

出自南朝宋范晔《后汉书·郭泰传》：“（孟敏）客居太原，荷甑堕地，不顾而去。林宗（郭泰）见而问其意，对曰：‘甑已破矣，视之何益。’”后以“堕甑不顾”比喻事成过去，不作无用的惋惜。

范晔（398—445），南朝宋史学家。字蔚宗，顺阳（今河南淅川东南）人。曾任尚书吏部郎，元嘉初年为宣城太守。后迁左卫将军、太子詹事（官名，即给事、执事。掌管太子家中事务），掌管禁旅，参与机要。元嘉二十二年（公元445年）末，因孔熙先等谋迎立“彭城王”义康一案牵涉，被杀。（《辞海》）

另据史料称，范晔不仅书读得好，书法功底深厚，还擅长作曲和琵琶演奏。

孟敏，东汉末山东巨鹿杨氏县（今河北省宁晋县）人。孟敏为人正直、质朴，年轻时就很有志向，虽靠卖陶甑为生，但他坚持自学，尤其对圣贤经典感兴趣，往往边卖甑边思考经世济民的治国理念，后经郭泰指点游学十年终成大器。

郭泰，东汉太原界休（今属山西介休）人，字林宗。东汉末为太学生首领，不就官府征召，后归乡里。党锢之祸起，遂闭门教授，生徒数千人。（《辞海》）

据说郭泰身长八尺(约1.85米)，容貌魁伟，博古通今，且口才极佳，是名震京师的名士。他特别善于鉴人识才，学生弟子上千，所荐人才均得到体制内的认可。

一千八九百年前的山西太原闹市，熙熙攘攘的人群里传出一声清脆的响声，原来是在太原打工的孟敏不慎将兜售的甑摔碎在地。相比其他陶器，甑在制作上有一定的复杂性，因而比较金贵。所以，满大街的人都觉得碎得可惜。如果那时已有锔匠且甑破得不厉害，想必定有人会捡回去补一补再用的。唯独货主孟敏头也不回，继续向前走，好像什么都没有发生一样，洒脱里透着几分侠客的豪放。这一切被郭泰看在眼里，感到很吃惊，就上前问道：“甑摔碎了你怎么看都不看一眼，什么意思？”孟敏说：“破都已经破了，又不可能复原，看它何用？”郭泰觉得此人不一般，孺子可教也！就介绍名师，推荐孟敏读书游学去了。

我小时候生活的弄堂里孩子们成群结队，一见什么好玩意儿便蜂拥而至。有一年夏末秋初的某一个下午，有小伙伴弄来了几头蟋蟀捉对厮杀，一时间里三层外三层地围成一堆，蟋蟀的叫声、孩子们的吵闹声喧嚣在整个弄堂。斜对门的阿三头（也可能是阿四头，姑且就称其为阿三头吧），常常捧着个大花瓷碗，里面装有饭也有菜，边吃边串门，一顿饭没有一两个小时下不来。那天他的腿慢了几步，只能捧着碗站在外圈。里圈的人蹲着，头顶着头，外圈的人站着，不断变换身姿往里凑。蟋蟀斗到激烈时，观战的人也跟着或手舞足蹈或捶胸顿足。一个不留神，阿三头的碗不知被谁拱落在地碎成八瓣儿，好在他手里拿的只是空碗，否则饭菜不仅扣人一头一脸还会殃及蟋蟀。顿时弄堂里安静得鸦雀无声，如同大战在即的漫长瞬间，似乎一场人与人之间索赔饭碗的争斗不可避免。没承想，阿三头默默地捡起碎瓷连同筷子一起扔进了垃圾桶，接着搓了搓手转回来继续观看蟋蟀大战，也好像什么事都没发生一样。我记得很清楚，他转回来时，小伙伴们不约而同让出一条道，让他到最里圈。不知阿三头的这种做派是否与孟敏有几分相像？只是后来弄堂里的小伙伴们长大了各奔东西，再后来弄堂改造拆迁，就再也没能相见。不过，我相信，阿三头一定是个有作为有出息的人。

“堕甑不顾”实际上体现着一个人的处世态度和对待人生的观念，恰如出家人的修行，核心两个字：放下！按照常人的思维，甑破了总会觉得可惜，对造成的损失懊恼不已，埋怨自己者有之，甚至甩锅他人咒骂道路太过坚硬也会有之，但是这一切都已经于事无补。正如孟敏所言，破都破了，看之何益？与其耿耿于怀不如放下前行，毕竟生活还要过下去，而这一点又正是常人最难做到的。

辅车相依

——是一口“好牙”，不是一辆好车

“辅”在《辞海》解释中第一个义项是：车轮外旁增缚夹毂的两条直木，用以增强轮辐载重支力。每轮二木，每车四木。

辅车：《左传·僖公五年》：“晋侯复假道于虞以伐虢。宫之奇谏曰：‘虢，虞之表也。虢亡，虞必从之……谚所谓辅车相依，唇亡齿寒者，其虞虢之谓也。’”按辅为颊骨，车为牙床，两者互相依存。后用“辅车”比喻互相依存的事物。

车：还有牙床骨的义项，又名牙车。中医学有颊车穴，位于面颊部，下颌角前上方，耳下约一横指处，咀嚼时肌肉隆起时出现的凹陷处。颊车穴有治疗面神经麻痹、三叉神经痛、牙痛、腮腺炎等功效。

“辅车相依”：比喻关系密切，利害相关。辅车，颊辅与牙床。一说车夹木与车舆。（《汉语成语大辞典》）

据《左传·僖公五年》杜预注：“辅，颊辅；车，牙车。”因此“辅车”可以理解为：辅就是腮帮子，车就是满口牙。辅车相依就是：腮帮子包住牙床，牙床支撑腮帮子，两者关系密切，互相支持。“辅车”还可以解释为车辆的车轮和车轴及支架的组合。

这个成语如果用另一个成语“唇亡齿寒”替代，人们就立刻明白是什么意思了。事实上，“辅车相依”和“唇亡齿寒”是连在一起的上下句，所以后来这两个成语缩为“辅车唇齿”，比喻两者关系密不可分，互相依存。

《吕氏春秋·权勋》篇是这样记载的，“宫之奇（虞国政治家）谏虞公（虞国国君）曰：‘虞之与虢也，若车之有辅也。车依辅，辅亦依车，虞虢之势是也。’（虞国和虢国的关系就好比颊辅与牙床、车轮与车轴及支架，两者互相倚靠）”

话说很久以前的春秋时期，晋献公有心吞并周边的虞国（今山西省平陆县东北）和虢国（今山西省平陆县境内），想以借道虞国为名征伐虢国，又担心虞国不仅不肯借道，甚至有可能联手虢国抗晋。谋士晋大夫荀息献计说：虞公是个贪财之人，大王如果把视为国宝的骏马、美玉送给他，他一定会同意我们的要求的。晋献公也是个爱财的人，起初还有些不舍，荀息就开导他，您想想，实际上您只是将宝贝暂时先借给他玩几天，让他替您保管，等夺得了虞国，宝贝还不是仍然归您！晋献公想想也对，便依计而行。果然，虞公见有重礼送来，便准备答应下来。虞国的谋士、大夫宫之奇见状，急忙上前竭力阻止说，大王，万万不可答应啊！虞虢两国，一表一里，辅车相依、唇亡齿寒。您借道给晋征伐虢国，虢国就会灭亡，而虢国灭亡了，我们虞国也就保不住了！可惜虞公眼里只有宝马、美玉，根本听不进，不仅答应借道给晋，还“大度”地出兵助晋。宫之奇只能仰天长叹，带着家小告别故乡投奔了曹国。果不其然，晋灭虢后班师途中故伎重施，假言部队休整须驻军虞国，不几日就顺势灭了虞国，虞公被俘，一切都如荀息所料。当两件宝贝重新回到晋献公手里的时候，晋献公不无调侃地笑着说：玉还是那块美玉，宝马却长了些膘。

“辅车相依”这个成语现今很少有人用了，常常被“唇齿相依”“唇亡齿寒”取代，有的成语词典甚至未见收入。因为在一切快速发展的信息化社会，人们更乐于接受和使用简便、直接的语言，相比较“辅车相依”，“唇齿相依”“唇亡齿寒”更直白易懂，免去了查找“辅车”的含义、出处的麻烦，节省了时间。以致有人偶尔使用一下竟然有了卖弄之嫌，看来还是随大溜的好。但愿做学问的人能坚守阵地，坚守我们的文化传承，多些知识点总不是什么坏事。

佝偻承蜩

——驼背老汉逮知了

“佝偻”在《新华字典》作如此解：佝偻病，小儿容易得的一种病，多由营养不良、缺乏维生素D所引起，症状是方头、鸡胸、驼背、两腿弯曲。（习惯上，人们对年纪大了，脊背向前弯曲、身板不再挺拔的人，也以“佝偻者”称之）

承：在下面接受，托着；承担，担当。

蜩（tiáo）：蝉、知了。

从“佝偻承蜩”的字面上，你就很容易地理解其意思：佝偻老汉逮知了，经验老到。寓意：做任何事情只要全神贯注，肯下功夫，哪怕是驼背的老汉甚至残疾人也能获得成功。

“佝偻承蜩”令我想起了小时候的夏天，以及夏天和小伙伴们捕蝉的情景。那会儿的城市绿化覆盖率也许不如今天高，但蝉鸣声却似乎比现在大得多，鸣叫起来真有欲与夏日的温度试比高的气势，一浪高过一浪，铺天盖地塞满世界的各个角落。对我们而言，这简直好似赤裸裸的引诱：孩子们，来呀，来逮我呀！于是，捕蝉也就成了我们成本最低、最为经常的活动了。捕蝉的工具和方法都很简单，如果在乡下，先削一根二三十厘米长、细细的竹篾片，两头捏在一起插进细竹竿里捆牢，就好像一只拳头大小的网球拍，然后到竹林、树丛下寻找几个未粘上虫子的、新织的蜘蛛网缠绕在网拍上，一个捕蝉器就做好了。城里蜘蛛网较少，新织的蜘蛛网更少，我们只能从家里“偷”些面粉（因粮食是计划供应的，口粮紧张，往往几个小朋友每人从各家“偷”几把来凑，多了容易被家长发现招骂）用纱布包住放在水中揉洗，洗出黏黏的面筋，用糖纸裹起来待用。然后，取柔性好的细竹竿若干根，在竹梢上裹上指头大小的面筋，一支捕蝉器就大功告成了。这两种捕蝉工具都是靠蜘蛛网或面筋的黏性粘住蝉。家什备齐后，一伙人就蹑手蹑脚循声潜行到蝉鸣最欢的树下，此时是绝对不允许发出任何声响的，互相之间只能用眼神，靠手语，总之使用肢体语言交流。充当捕手的往往是眼力好、身手敏捷的人，由于人人都想体验捕手的快感和享受捕蝉时的刺激，只能轮流“坐庄”。发现蝉后，小心翼翼把足够长、粘有面筋的竹梢，悄无声息地由下而上慢慢伸向蝉的背部，蝉被惊动刚展开双翼便粘在面筋上。蝉的警觉性很高，经常未待竹竿伸及就飞走了，往往还会撒一泡尿，淋得你一头一脸，很是狼狈。我也当过几回捕手，成功率和失败率各占一半，有的小伙伴成功率大一些，其中的窍门我始终没弄清，直到读到“佝偻承蜩”这个成语。

蝉的寓意不用赘言，但我们小时候只知道它既是药材还是食材，捕来后掐头去尾，只留中间段瘦肉用竹签一穿，放在火炉上一烤，香气四溢，小伙伴们吃得满嘴乌黑，齿颊留香。据说，蝉的蛋白质含量高达 72%，远高于牛肉、鱼肉、鸡肉、牛奶的 23% ～ 25%。《齐民要术》记述了蝉的食用方法：火炙令熟；蒸之；下沸汤中即出。也就是烧烤、清蒸、汆汤。我们小时候的吃法属第一种。听说山东人逮知了、吃知了是很有名的，吃的方法也有了创新，有爆炒，有红烧，还有油炸的，售价堪比小龙虾。每只售价块儿八毛不等，全凭知了的个头大小。山东济南丰辛村养蝉、捉蝉、卖蝉一条龙，成了远近闻名的“金蝉村”，滨州、淄博等地的食客纷至沓来，一次买一两千元的不在少数，村里因蝉买了车、送孩子上大学的大有人在。“佝偻承蜩”里的老汉捕了蝉用来干什么，故事里没说，想必多半是卖予药铺以补贴家用。

乍见“佝偻承蜩”时感觉很有意思，佝偻老汉连站都站不稳，还怎么逮知了？再一琢磨，感觉这里面一定有故事。一查，果然如此！

《庄子·外篇·达生》记载：仲尼适楚，出于林中，见佝偻者承蜩，犹掇之也。仲尼曰：“子巧乎！有道邪？”曰：“我有道也。五六月，累二而不坠，则失者锱铢（古代重量单位，锱：一两的四分之一；铢：一两的二十四分之一）；累三而不坠，则失者十一；累五而不坠，犹掇之也。吾处身也，若橛株枸；吾执臂也，若槁木之枝；虽天地之大，万物之多，而唯蜩翼之知。吾不反不侧，不以万物易蜩之翼，何为而不得！”孔子顾谓弟子曰：“用志不分，乃凝于神，其佝偻丈人之谓乎！”

翻译成白话是：庄子说，有一次孔子到楚国去，经过一片树林，看见一位佝偻老汉在林下捕蝉，就像是囊中取物，十拿九稳，很是惊奇。就问他：你的捕蝉技巧这么高，有什么诀窍吗？老汉回答说：有啊。五六个月里我都在练习捕蝉本领，我在竹竿上放两个泥丸如果不掉下来，那捕蝉的失误率就相当小了；叠三个泥丸也不落下来，成功的把握至少在 90% 以上；如果叠五个泥丸还能稳稳地在一起，那么我捕蝉便犹如探囊取物般容易了，只管拾取装进篓子里。我能长久站在树下就好像昏死了一样，晃都不晃；手臂伸出去就如枯死的树枝，一动不动；虽朗朗乾坤、花花世界，外界的诱惑很大，而我只知道眼盯着蝉翼。我如此下功夫，这样执着，心不为其他任何事物所动，一旦捕蝉还用担心出手而不得吗？孔子对围绕在他身边的弟子说，一心一意、全神贯注致力于一件事，说的大概就是像这位佝偻老汉一样的人了吧。

据我的亲身体验，佝偻老汉有一项很重要的本事没有交代，那就是听力。在阵阵轰鸣般的蝉鸣中要能准确地判断出蝉所在的具体位置，没有两只好耳朵还真的是不行。

可见，古人捕蝉和今人捕蝉在工具、方法上都差不多，也是靠竹竿，是不是用蜘蛛网或是面筋就不清楚了，反正要有用来粘物品的东西（驼背老汉的竹竿上“累五而不坠”，肯定是有什么东西）。不同的是，定力和功力的深浅决定着成功率的大小。佝偻老汉还真是挺让人敬佩的，即使年纪大了也要自食其力，且功夫超出了常人，还能总结出精辟的理论，这就不一般了。不仅对捕蝉，甚至对我们做任何一件事都有实际的指导意义，那就是：心、眼、耳、身、手要融为一体，聚精会神，心无旁骛，并且使之成为一种习惯和肌肉记忆。只有这样才能使手艺出神入化，“世上无难事，只怕有心人”是也。

告朔饩羊

——礼仪改革的先声

《辞海》明确告诉我们，“告朔”的“告”，念（gù）。

“告朔”：1. 是周朝礼仪制度之一，天子每年秋冬之交，把第二年的历书颁发给诸侯，叫“告朔”，“告”为上告下之义。《穀梁传·文公六年》：“天子告朔于诸侯。”2. 亦称“告月”。诸侯于每月朔日（夏历初一）告庙听政。《春秋·文公六年》：“闰月不告月，犹朝于庙。”杜预注：“诸侯必每月告朔听政，因朝宗庙。”

《周礼·春官·大史》也说：“颁告朔于邦国。”郑玄注：“天子颁朔于诸侯，诸侯藏之祖庙，至朔朝于庙，告而受行之。”即每月朔日行告庙听政之礼，泛指朔日祭祀鬼神。

饩羊：“饩”（xì），是古代祭祀或馈赠用的活牲口，饩羊是指举行祭祀时用作祭品的活羊。

“告朔饩羊”原指鲁国从文公开始不亲自到祖庙告祭，只杀一只羊，派个代表去应付一下。后来比喻对已经名存实亡的事情，照例应付，敷衍一下了事。

《辞海》中对“告朔饩羊”是这样说的，《论语·八佾》：“子贡欲去告朔之饩羊。”子曰：“赐也！尔爱其羊，我爱其礼！”……鲁自文公起，不视朔，而有司犹供饩羊，子贡因此要把祭庙用羊的旧例废掉，但孔子却不以为然。后人因以“告朔饩羊”，比喻徒具形式的虚文。

这段师徒对话是说，孔子的学生子贡想搞改革，简化祭祀仪式，不再奉献活羊。孔子严厉地批评他说，祭祀仪式一定要献羊的。你看重的是羊，我看重的是礼仪和仪式。

想想古人也不容易，天子把历书（相当于工作计划）发给各诸侯国时要举行仪式，各诸侯国接受任务后珍藏到祖庙里又要举行仪式，然后每月的朔日还要去祖庙汇报工作（简称述职报告），举行仪式。如此算来，此类仪式一年要办十几次，是够烦琐的。

西周时期礼仪仪式一般都很隆重，天子、诸侯按出席范围、规格等规定和程序，祭祀祖庙和天地时都需要献三牲，献活羊就是其中之一。到了春秋时期，这一礼制受到了挑战。鲁国的文公开始对这一仪式进行改革，其他诸侯也有样学样，不亲临祭祀现场而只是送一只羊，应付应付。现在子贡居然提出，干脆把羊也免了，所以遭到了孔老师的坚决反对。孔子对于“礼崩乐坏”的现象深恶痛绝，极力主张“克己复礼”，恢复周朝礼制，坚决认为祭祀不献活羊是万万不可的。

在孔夫子的言传身教下，古代中国用孝、悌、忠、信、礼、义、廉、耻代表着儒家传统文化、德育内容的全部精髓和人生修行的八德，在世界塑造了礼仪之邦的古代大国形象。在此基础上建立起来的君臣、父子、上下、长幼、贵贱、亲疏关系，形成了国家制度和社会秩序，使每个人都明白自己的位置，明白自己在这个位置应该做什么、怎么做。孔子认为，这既是制度规定又是社会道德，也是社会伦理，如果人们都这样做了，他的理想王国也就实现了。然而，理想王国并不是那么容易就能够建立的，一方面，人的教育是个复杂和艰难的过程；另一方面，八德的内容又总是随着社会的发展而不断扬弃、更新。

比如2600多年前，晋国为纪念介子推，规定清明前一两日禁烟火，只食冷食，名曰寒食节。到了三国时期，曹操觉得这是浪费春天大好时光，有弊无利，遂下令取消。后来，人们感到设寒食节禁烟有利于消防安全就又恢复了寒食节，时间改为三天，还增加了祭扫、踏青、秋千、蹴鞠、斗鸡等活动内容。同时国家还明令，有不遵从寒食节规定的，户主服刑六个月、乡里分管领导服刑三个月、主要领导罚没工资奖金一个月。唐代将寒食节和清明节合而为一，逐步将以禁烟禁火为主的节日改为以祭祀为主的节日，突出民间性质，淡化了官方的色彩，进一步丰富了儒家忠孝的传统文化理念。

再比如“孝”文化到了汉代，有些形式和内容都发展到了一个高峰。根据儒家传统孝道观念，官员在外为官期间，如若父母去世，则无论此人做多大的官，从接到丧报的那一天起，必须辞官返回家乡，为父母守制二十七个月（俗称守孝三年）。这叫“丁忧”，也称“丁艰”（丁，遭遇）。后来此项规定有所松动，如果因为国家需要，则须由皇帝颁旨，让孝子戴孝回到工作岗位继续为国效力，这叫“夺情起复”。“丁忧”期间，吃、住、睡都得在父母墓前，遵守不得洗澡、理发、更衣，不得娱乐等各项规定。孔子去世后埋葬在鲁国都城以北的泗水边上，众弟子守坟三年，三年期满，众人挥泪惜别。正是那位主张礼仪改革的弟子、被孔夫子一顿批评的得意门生——子贡却不忍离去，又单独守了三年。

说实话，像这样的礼仪真的吃不消。其他限制还好说，两年又三个月不洗澡、不更衣怎么受得了？臭烘烘地守在墓前就是孝？既没有实际意义也没有这个必要，充其量是做个样子给别人看。可是你不如此还要受到官方惩罚和社会道德的谴责，古人也真是有苦说不出，孝子心里怎么想的，又是怎样的切身感受，只有自己知道。其实，父母在世时对他们好才是真的好。所以，到了明清以后，“丁忧”这种孝道礼仪逐步简化，墓前结庐的现象基本绝迹。今天人们已经普遍认为，不辜负先人期望，努力做好人、做好事就是孝，祭祀先人不在于形式多隆重，只要记得就好。

对于重形式不重内容的形式主义，子贡主张还是实事求是地摒弃为好，孔老师则认为这种形式体现着精神追求，切不可“告朔饩羊”敷衍了事。“子贡欲去告朔之饩羊”是礼仪改革的先声，只是因为传统文化的影响太过强大而没有成功。

时代总是不断进步发展的，人的思想观念也总是与时俱进的，因此“改革”总是时代的主旋律。

龟冷搘床

——忍辱负重的榜样

龟：爬行动物，背腹皆有硬甲，头、尾和四肢通常能缩入甲内。其种类繁多，有玳瑁、金龟、象龟等，耐饥渴，寿命很长，古时常用龟甲刻字占卜。

冷：1. 寒冷。2. 冷落；闲散。3. 不热情，意含讥诮，如冷言冷语、冷嘲热讽，引申为冷酷、严峻。4. 冷僻；少见的。5. 姓。

搘（zhī）：支，拄。

床：1. 供人睡卧的用具，古时亦指坐榻。2. 安置器物的架子。3. 井上围栏，类似卧具的东西等。

《史记·龟策列传褚少孙论》（褚少孙是西汉经学家，西汉中后期任过博士）："南方老人用龟搘床足，行二十余岁，老人死，移床，龟尚生不死。"后遂用"龟冷搘床"比喻壮志未酬，蛰居待时。（《汉语成语大辞典》）

《龟策列传》是司马迁的《史记》中专门记述卜筮（shì）活动的列传。《辞海》说"龟策"是龟甲和蓍（shī）草，古人占卜吉凶的用具。《龟策列传》中讲述了龟的神秘、龟的灵性、龟的长寿和八种神龟等，还举了包括兆象的例子，"龟冷搘床"就是例子之一。

这个例子通俗易懂，说南方有位老人因为床不平，就随手将一只乌龟作为填充物垫于床脚。二十多年后老人死了，家人把他睡的床拆掉时，发现垫在床脚的龟还活着。

龟早于我们人类两亿三千万年就存在于这个世界，《山海经》《诗经》《本草纲目》都有记载，一般认为它特别长寿（据记载白龟的寿命可达800年之久），龟骨（龙骨）可入药。《庄子·秋水篇》："吾闻楚有神龟，死已三千岁矣。"由于上古时期人们对自然和对龟的了解有限，因此龟被赋予种种神话和想象。千年的龟称神龟，万年曰灵龟，又是神又是灵，就有了通神灵的能耐，《淮南子》说：人们有事"必问吉凶于龟者"。用龟甲占卜也就成了人们社会生产和生活的一种常态。《礼记·礼运》说："麟凤龟龙，谓之四灵。"而这四灵之中唯有龟是实实在在存在的动物，因此备受人们的推崇。曾经以龟甲为货币，被视作财富的象征，有一阵子还被视作皇权的代表。如唐代改调兵用的虎符为龟符，将边陲名称都护府改称龟林府；五品以上官员可佩带龟形小袋；使用龟纽印章。民间则将大富大贵或者具有潜力的女婿称为"金龟婿"。从崇拜生殖、生存到祈求免祸消灾，进而到升官发财等各种诉求渐渐演变成龟崇拜和龟文化。

看了司马迁的《龟策列传》中这个例子，不由得使人产生一些困惑，人们既然如此钟爱龟，崇拜龟，为什么老人不将其放归大自然而要采取极不人道甚至残忍的做法，用它垫床脚呢？

传说擅长负重的龟是龙和龟的混血儿，即龙的第六子赑屃（bì xì），又叫霸下。其生性顽皮，常将三山五岳搬来搬去玩过家家，闹得天下不太平。后来，大禹将其收至麾下，发挥其特长，给它当了个治水工程突击队队长。为防止工程竣工后故态复萌，大禹就挑了一座山刻下碑文，又请太白金星施了符咒，让霸下背。结果，赑屃背上后就再也放不下来了，甩都甩不掉，只能乖乖地背着碑待在原地。自此，赑屃背碑象征当政者丰功伟绩永传千秋，成了一种建筑规制。其实任何崇拜你都可以发现，人们都是出于极强的实用性和功利性，老人用它垫床脚也不例外，就一个原因：垫龟于床脚以求长寿。

搘床的冷龟真令人感慨和敬佩，20多年的忍辱负重、暗无天日，漫漫寂寞里，偶尔有蝼蚁爬过或也有蛇鼠穿过，可是没有一个将其视为活物与之交流，搘床冷龟被压在床下仅剩脑袋可以活动，但它发挥自身特有的调节呼吸的方法，默默坚守。我们不知道它在想什么，也不知道它会不会想。古时候20年相当于一个人的多半个人生（根据古人造字“世”字意为一世30年推论），寂寞是最痛苦的煎熬，在这一切都是未知数的煎熬中，它等啊等，终于等到了重生的那一天。

说实话，对于这个成语中的“冷”字，我是不甚了然的，不仅仅因为它是冷血动物吧，结合上下文把它当作受冷遇、逆境、冷静、平复的心态来解释好像能说得过去。近似这个成语的有“韬光养晦”“卧薪尝胆”，但有本质不同。“龟冷搘床”是被动的，而“韬光养晦”“卧薪尝胆”是主动的。“韬光养晦”这个词多多少少和计谋联系在一起，本来是不可公开告诉别人的，你一说“韬光养晦”，马上就失去了别人的信任，令人立刻联想到“阴谋论”。你说得再真诚，事情做得再好都不一定有理想的结果，因为是你自己说的“韬光养晦”。

“龟冷搘床”中的乌龟则是被动的，身不由己，被人强行塞在床脚下，它唯一的办法就是活下去，就是等待。为了活下去，龟在没有食物、没有水、终日不见阳光的情况下，尽可能地把消耗降到最低点，

物于此而揫敛（揫敛：聚集）也。

“初候，凉风至（《礼记》作盲风至）。西方凄清之风曰凉风。温变而凉气始肃也。《国语》曰“火见而清风戒寒”是也。

“二候，白露降。大雨之后，清凉风来，而天气下降茫茫而白者，尚未凝珠，故曰白露降，示秋金之白色也。

“三候，寒蝉鸣。寒蝉，《尔雅》曰寒螿（jiāng，蝉的一种）、寒蜩，小而青紫者；马氏曰物生于暑者，其声变之矣。”

唐代大学者李善注引蔡邕（yōng）《月令章句》曰：“寒蝉应阴而鸣，鸣则天凉，故谓之寒蝉也。”

归纳起来讲，“立秋”节气有三候，分别是凉风至、白露降、寒蝉鸣。汉唐以来以及《辞海》特别是唐李善注引蔡邕《月令章句》都说得很明白，寒蝉是鸣叫的，只是鸣叫的声音、调子以及频率与夏天的蝉不一样而已。不敢发声说话则是一种比喻，“噤若寒蝉”用多了，反而以为寒蝉原本就是不会鸣叫的了。

用“噤若寒蝉”形容一个人处于压力下而首鼠两端的处境再贴切不过了。一般情况就大多数人而言，在恶劣的环境下，人们迫于淫威，发声不一定于事有益，还可能引火烧身；不发声又有软骨头、助纣为虐之嫌，怎么办？只好做寒蝉，发点儿有别于夏日蝉的声音来。但是，我觉得这远远不够。任何时候，都不乏时代的精英、民族的脊梁，只希望在危难时刻，为着人民勇于发声，有更多的人聚合在共同的旗帜下，发出如雷的正义的吼声。

屦贱踊贵

——跛脚支撑的国度

屦（jù）：1. 麻、葛等制成的鞋。2. 践踏。3. 通“屡”。

踊：yǒng，古代受过刖刑的人穿戴的鞋子，类似义肢（假肢）。

《左传·昭公三年》：“国之诸市，屦贱踊贵，民人痛疾。”杜预注：“踊，刖足者屦。言刖多。”刖是断脚的刑罚。被刖者多，致使市场上鞋子跌价，而踊则涨价。因谓刑罚重而滥。

刖：（yuè），断足。古代的一种酷刑。（《辞海》）

“屦贱踊贵”：鞋的价格便宜，而踊的价钱很贵。形容统治者滥用刑法。（《新华成语词典》第2版）

这是齐国国相晏婴劝谏国君齐景公的话。

晏子即晏婴（？—前500年），春秋时齐国大夫。齐灵公二十六年（前556年），其父晏弱死后，继任齐卿，历任灵公、庄公、景公三世。曾奉景公命使晋联姻，与晋大夫叔向议论齐政，预言齐国政权终将为田氏取代。其所传世的《晏子春秋》，是战国时人搜集有关他的言行编辑而成。（《辞海》）

据《晏子春秋》记载：晏婴于国有功，齐景公想给他搞套豪宅。晏婴说自己现在住的房子虽不豪华，但和市民在一起却很接地气，没必要浪费国家的金钱为自己盖房子。齐景公就问他：既然你接地气，那么你一定知道，现在市场上什么东西最贵又是什么东西最便宜。晏婴就用市场上鞋子便宜假肢鞋贵的现象，指出刑罚的不当之处和法律、政策的偏颇。因为被处刖刑的人太多，容易造成种种弊端，使百姓痛心疾首，也容易酿成动乱。齐景公听后，接受了晏子的意见，很快就将法律政策作了调整。

齐国由姜子牙开创立国之基，第十二代孙齐桓公姜小白在管仲辅佐下，成为春秋五霸之首，齐灵公、庄公、景公三朝得益于晏婴，国力更加强盛。国家的强盛往往同法制建设分不开。夏朝刖刑称为膑，周朝时刖刑被统治者普遍使用，秦朝称斩趾。春秋时诸侯国各自为政，动辄使用刖刑等十种刑罚，齐景公时有段时间特别强调刑罚，尤以刖刑为最。

刑罚严苛对维护国家秩序而言，能起到立竿见影的效果，但是细思极恐。被砍脚、削去膝盖骨的人多到使市场上鞋价大跌、假肢价格大涨，那是个什么样的惨状？满大街都是撑着拐杖和拖着残肢用手行走的残疾人，捧着碗四处讨饭，无法行走的只能躺在床上等待死亡，一个国家靠跛脚、残疾人支撑，基础还能稳固吗？不错，“屦贱踊贵”的确可以促进假肢鞋的大发展，而种地的、生产的劳动力以及兵源却受到极大影响（行刖刑时往往导致人失血过多而死亡）。同时大量的残疾人又需要国家救助，长此以往，生产力衰退、民不聊生、怨声载道，打起仗来又缺乏兵源，国家何来强盛？晏子就是用“屦贱踊贵”的市场现象，向齐景公深入浅出地阐述了法治需要宽严相当的道理，明确告诉他：跛脚是支撑不了一个强盛的国家的！

刻画无盐

——绘画技能平平、索然无味的艺术作品?

在查阅资料前，我们针对这条成语是有过讨论的，认为作者对作品中的人或事物的描写、刻画平淡无奇。当然，这也说得通，可总觉得这样的解释很牵强，还是老老实实查阅资料。经查，这条成语是不能完全依据字面来理解的，因为“无盐”是个人名，而且后面还有一句，“唐突西施”。里面的故事还蛮有意思，请往下看。

刻画：1. 雕制采画器物。2. 深刻细致的描写。

无盐：人名，姓钟离，名春，因系齐国无盐邑人而得名。状貌丑陋，但关心政事。曾自谒齐宣王，面责其奢淫腐败，宣王感动，立为皇后。后世用以称颂和比拟貌丑而有德行的妇女。（《辞海》）

无盐是古代四大丑女（嫫母、无盐、孟光、阮氏女）之一。

《晋书·列传·三十九·周顗（yǐ）传》：“庾亮尝谓顗曰：‘诸人咸以君方乐广。’顗曰：‘何乃刻画无盐，唐突西施也！’”意思大家都把你周顗比作乐广（乐广是当时一位被普遍盛赞的高洁名士），周顗说：我和乐广一个好比是西施，一个是丑女，而丑女是不值得描摹的，描摹丑女是瞎费劲。比喻以丑为美，引喻为比拟得不恰当。

“刻画无盐”比喻突出丑的而贬低美的。《新华成语词典》（第2版）

晋元帝时，周顗任尚书左仆射（相当于副部长），朝中官员都认为他为人高风亮节，便将他和乐广比。谁知周顗听到后却很不高兴，认为他自己和乐广根本就不在一个层次，乐广的高洁好比丑女无盐，而他自己的高洁就像西施，简直是一个地一个天，两者根本就不可相提并论。所以他说："何乃刻画无盐，唐突西施也！"意思是用丑和美作比较，是亵渎美，比得不恰当。实际上是在贬低我周顗！

其实周顗有点儿自负了，不仅乐广不比他差，而且他眼里的丑女无盐的才能也绝对在他周某人之上。

除了《辞海》的介绍，为加深对无盐的了解，让丑女的形象更为丰满，我们不妨再结合其他资料，权且作个戏说。

战国时期，齐国无盐邑（今山东东平县）有一位奇女子，姓钟离，名春，又名钟无艳、钟无盐。据说其父当过齐国基层小军官，虽不得志却有些见识。钟离春奇丑无比，到底丑到什么样？《论衡·列女传》中说：头凹目陷，肤色如漆，长肚大节，昂鼻结喉，肥顶少发。即扁头，脑袋瓜长得不规则，眼睛凹陷进去，朝天鼻子（犹如二师兄），有喉结（想必说话声音一定低沉粗犷），皮肤黝黑（今天称之为小麦色）发亮，骨骼粗壮，身材肥硕，头发长得稀稀疏疏。怎么样？整个一男人婆、丑八怪，丑得可以吧（成语"丑若无盐"即出于此）。所以，丑女年届四十，还是"圣女果"一枚。然而在她父亲的影响下，钟离春胸有韬略，心怀大志，从小就不爱红装爱武装，武功了得，坊间还传说她会隐身术。钟无盐所处的年代是个群雄争霸的年代，在父亲的言传身教下，她也想着为自己的国家建功立业。齐国朝纲不振，她为国运衰微而痛心疾首，急迫地想直接为国出力，于是她动了一番脑筋，然后采取了行动。

有一天，钟无艳打探到齐宣王正在渐台（君王专用高级会所）和一帮奸臣、歌伎饮酒作乐，就直闯大门，高声喊叫自己是嫁不出去的丑女，要给齐宣王当小老婆（由此产生了成语“自荐枕席”）。真是语不惊人死不休，她这副模样加上粗嗓门立刻引来警卫部门的出动，门卫越阻止她闯宫，她的声音就越高，不由得引起了内宫的注意，不得已侍卫便向齐宣王禀报。齐宣王也挺好奇，宣进宫来一看，的确令人“眼睛一黑”。齐宣王非常坦率地对她说：我的宫中美女如云，妻妾成群，你一个丑得连乡下人都不愿娶的老女人，竟然想来打我千乘之君的主意，难道你有什么特殊的本事不成。钟离春不卑不亢地回答：小女子并无奇才，但会些隐语（具有类似卜卦、看风水、预测未来的能力）。齐宣王说，那好，寡人就听你给我说道说道。但是，你要是胡说八道我可是要砍你脑袋的！

应该讲，丑女的出场很不一般，接下来的表现则更不一般，一下子吸引了齐宣王的眼球，真的使人“眼睛一亮”。听了齐宣王要砍头的威胁，钟离春毫无惧色，一边缓缓走上渐台一边连续做了四个动作：她先是几次举目四下张望，接着张开大嘴露出大牙，然后不断挥手做驱赶状，最后抚着膝，拍着大腿连连大叫“殆哉！殆哉”！（不好啦！不好啦！或译成：危险啊！危险啊！）众人不解，都面面相觑。齐宣王问道，什么意思，像演戏一样！无盐说，请大王赦我不死，否则我不敢说。齐宣王说，但说无妨。于是，丑女娓娓道来，大王啊，我四处观望了，现在周边国家虎视眈眈，正伺机吞并我国，形势很危急；我张大口是要告诉您，您听不进忠言，任用佞臣，内患很严重；我挥手是提醒您，要为您赶走身边的阿谀奉承之徒，否则官吏队伍不会纯洁；我抚膝拍腿是请您拆去这骄奢淫逸的宫殿，以减轻百姓负担，平复人民的怨恨。外有强敌压境，内有小人包围，您却还在大兴土木，沉湎酒色，使得国库空虚，民不聊生，如此下去离亡国不远了，难道还不危险吗！我今天冒死进谏，听凭大王发落！一席话铿锵有力，使齐宣王如梦初醒，并深深折服于丑女的才华、果敢和见地，当即宣旨：娶钟离春为妻，择日完婚，位列王后，册封为“无盐君”。应该讲齐宣王是个有抱负的开明之君，一一采纳钟离春所言，雷厉风行抓整改。于是“拆渐台，罢女乐，退谄谀，进直言，选兵马，实府库，齐国大安”。史称：“齐国大治，丑女之功也。”

“刻画无盐”是“人不可貌相”的最好诠释，连齐国国君都尊称钟离春为“无盐君”。从此，人们便开始把“无盐”作为丑女有德的代称，既是对钟离春的尊敬又显得自己很优雅，很有文化。只是“刻画无盐”这个成语能够使用的场合和机会都不多，茶余饭后三五知己讲讲典故倒还是蛮有趣的。

一般而言，相由心生，面善的人心地不会差。但是别忘了，凡事都有例外，因为“刻画无盐”印证了那句俗话：人不可貌相！

匡鼎解颐

——学者型丞相的真本事

我们这一支匡氏是因为成语“凿壁偷光”，还是因为该成语主人翁匡衡的官足够大（汉丞相），便将他视为祖宗。可当女儿问我，这位祖宗还有什么光辉事迹时，我只能回答：这个嘛，说来话长……

匡鼎：即匡衡，少时字鼎。《辞海》是这样介绍他的：匡衡，西汉经学家。字稚圭，东海承（今山东枣庄市东南）人。能文学，善说《诗》，时引经义议论政治得失。元帝时，任丞相，封乐安侯。成帝时，为司隶校尉王尊所劾，后免官。

解颐：颐，面颊。《汉书・匡张孔马传》：“匡说《诗》，解人颐。”颜师古注引如淳曰：“使人笑不能止也。”后以解颐指大笑，欢笑。

“匡鼎解颐”不是指匡衡大笑，而是指匡衡讲《诗经》时，讲得风趣而清楚，讲得头头是道而引人入胜，听众听得如醉如痴，开颜欢笑。

出自《汉书・匡张孔马传》，“诸儒为之语曰：‘无说《诗》，匡鼎来；匡说《诗》，解人颐。’”因而颜师古注引“如淳曰：‘使人笑不能止也。’”其时许多学者都说，对于《诗经》的讲解谁都不如匡鼎；匡衡的演讲让听众欢笑不止。三国时期的如淳距汉代比较近，他说匡衡讲《诗经》时，听众的“笑声停都停不下来”应该是可信度非常高的。

因为视其为老祖宗的缘故，从小听老人说了不少他的故事。

匡衡，生卒年不详，虽饱读诗书，却经九次考试才中了个不起眼的丙科，被补为太原郡的文学卒史。后因其对《诗经》独到的见解和讲解无人能及，被喜好儒术文辞、尤好《诗经》的太子、后来的汉元帝赏识，从郎中到博士、光禄大夫、太子少傅、御史大夫、丞相、乐安侯食邑六百户，一路升迁位极人臣。后世评价其勤奋无比、博古通今，经学绝伦，直言进谏，刚正不阿，做过许多利国利民的好事，是汉代著名的经济学家和政治家，被《汉书》列为一代名相。其实，随着地位和权力的变迁，匡衡晚年也做过令人不齿的事，如结交大太监石显，溜须谄媚。他还违犯汉律“诸侯不得专地；赃十金以上重罪”，利用权势在勘测县域区划时侵占他县土地四百顷（“专地盗土”），年“收租谷千余石入衡家”，以及“衡监临盗所主守直（值）十金以上（合二万钱，汉代‘金’指银）”，遭人举报，被汉成帝革职抄家贬为庶民，不几年病死家乡。

《汉书》，东汉班固撰。一百篇，分一百二十卷，我国第一部纪传体断代史。《匡衡传》在《汉书·卷八十一·匡张孔马传》中。

颜师古（581—645），唐训诂学家。名籀（zhòu），以字行（据《唐书》本传，《新唐书·儒学传》作“字籀”），京兆万年（今陕西西安）人。官至中书侍郎，作《汉书注》《急就章注》及《匡谬正俗》等，考证文字，多所订正。（《辞海》）

如淳具体情况不详，只知是三国曹魏时期人，曾任曹魏陈郡丞，注释过《汉书》。

据说古人吟诵《诗经》时是有韵律的，因为这部最早的诗歌总集的内容不论在民间或庙堂，抒发情感或祭祀都同音乐密不可分，皆有曲调。

比如大雅宫调，小雅徵调，《周颂》羽调，《国风》商调，所以吟诵时必带着唱腔和旋律。不知后来以及今天的《诗经》学术研究者的理解和吟诵与当年的是否一个样？不过，有理由相信，汉时的匡鼎丞相不仅做到了，而且还有新突破，否则儒生们不会封他个“《诗经》大家”的头衔的。因此，“匡鼎解颐”中的“鼎”除了是匡衡的字以外，我理解还有宏大、权威、学术大咖的含义，是对匡衡讲解《诗经》最高的评价和认可。匡衡具体怎么讲解《诗经》，史书未作描写，仅仅三个字：解人颐；如淳说了七个字：使人笑不能止也。想必匡衡上课一定生动风趣，总能提出一些独到的见解，还时不时地摇头晃脑唱上一段，由此可见他的嗓音也一定非常好。一个能够把历史、文学、语言、音乐糅合在一起讲的老师世上不多，甚至还结合实际临场发挥，把课讲得像说唱又像“脱口秀”，所以“使人笑不能止也”。一个口才极佳、博学多艺的大儒形象便跃然纸上，这样的老师，学生想不喜欢他都难。不过冒犯地说一句，也许匡鼎是个“说的比做的好，唱的又比说的好”的典范。

人的才能包括口才，口才是十分重要的才能之一，是做事、做官的基本功之一。一个人甚至可以不识字，可以没有出众的技能，只要能说会道，一定可以寻找到自己的生存之道。如果你的知识足够渊博、广泛，特别善于表达、说话技巧足够精湛，那么离成功就不远了。战国时期的苏秦凭三寸不烂之舌结成六国同盟，担任了联军总司令，挂六国相印，使强秦十五年不敢出兵函谷关；三国时诸葛亮舌战群儒，终使孙刘结盟，有效抵抗了曹魏的鲸吞；民国之父孙中山更是靠一张嘴唤起党人，激发革命，终结了封建王朝……

一般说来，群众对一个领导干部的认识往往首先是通过听其言来实现的，你能说会道，讲得有新意，讲出了听众想说却说不出的话，那么人们一定会评价：这个干部行！如果你在台上讲不了三分钟，而且词不达意，结果可想而知。我是从团干部转任行政领导的，老领导找我谈心时说：我们团干部有两大优点和两大缺点：优点一，口才好，宣传鼓动能力强；优点二，适应能力强。缺点一是浮夸，不实在；缺点二是不懂经济和专业，所以要发扬优点，克服缺点。中华人民共和国成立前，在闹市耍拳卖膏药的，锣声一响主角配角先双手抱拳向观众唱个喏：有钱的捧个钱场，没钱的捧个人场！接着两人一唱一和来个三句半：

主角：光说不练，

配角：假把式！

主角：光练不说，

配角：傻把式！

主角：又说又练，

配角：真把式！

然后热热闹闹地操练起来。这三句话被明朝王阳明老先生归纳为“知行合一”，真乃金句。

应该说，时至今日这种精神尚未过时，因为幸福是靠奋斗得来的，梦想也是靠奋斗才能实现的，因为做比说重要。当然，凡事以知其然更知其所以然为最佳，这才是真本事！

葵藿倾阳

——苍天大地忠心可鉴

葵：1. 植物名，即“冬葵”。2. 亦指向日葵、蜀葵等。葵花向日而倾，称葵倾，比喻向往渴慕之忱。（注）

葵藿（huò）：葵和豆的花叶倾向太阳，故古人每用为下对上自谦之词。曹植《求通亲亲表》：“若葵藿之倾叶，太阳虽不为之回光，然终向之者，诚也。臣窃自比葵藿。”杜甫《自京赴奉先县咏怀五百字》诗：“葵藿倾太阳，物性固莫夺。”（《辞海》）

“葵藿倾阳”比喻一心向往所仰慕的人，就像冬葵、藿叶不会改变向日那样。

万物生长靠太阳。植物都有向阳性，这是植物需要进行光合作用的天性使然，而唯一能追随太阳而转动身躯的植物却只有葵藿。另有草本花卉“松叶牡丹”又叫“半支莲”等，虽不会随着太阳转却有见阳光花开，没有阳光的阴天和夜晚不开花的特点，因而被叫作“太阳花”“午时花”。还有“睡莲”也有与“松叶牡丹”一样的习性。

这个成语之所以取冬葵和藿叶这两种植物比喻忠心，盖因其特性与众不同，一个因为白天总随着太阳由东转向西，太阳下山后又慢慢往回摆向东方，第二天再次等待太阳的东升，周而复始，始终如一；一个因为叶子的形状长得像一颗心且藿香浓烈。

典故出自《三国志·魏志·陈思王传》中曹植的《求通亲亲表》：“若

葵藿之倾叶太阳，虽不为之回光，然终向之者，诚也。臣窃自比葵藿，若降天地之施，垂三光之明者，实在陛下。”

曹植就是那个写七步诗，处处受曹丕（魏朝创建者，史称魏文帝）、曹叡父子挤兑，还差点儿丢了性命的聪敏小孩儿。公元226年（魏黄初七年），曹植34岁时，他的哥哥曹丕病逝，曹丕长子曹叡（魏明帝）继位。曹植渴望施展才华，多次上书给自己的大侄子，但曹叡继承其父遗志，继续对这位叔叔严加防范，不予重用。《求通亲亲表》是公元231年曹植39岁时，继三年前《求自试表》之后的另一表文（封建时代臣子写给君主的奏章），也是他抱着最后的希望写给曹叡的一封表示忠心的信，希望皇帝侄儿能听他的肺腑之言。这封信名义上是讲曹氏通亲不达的苦楚，想通过打亲情牌得到任用，进而实现其“立功、立德、立言”的人生目标，所表现出来的失落心情与期望并显，十分感人。曹植把曹叡比作舜尧，比作苍天大地。他说自己原来想在皇帝身边效犬马之力，现在看来实现不了了。但是自己从心底里还是像葵藿倾阳一样，忠心不变，坚定地跟着皇上，和皇上在政治上、思想上、行动上保持高度一致。假如有幸承蒙日月星光照耀一二，那都是侄儿皇帝的阳光雨露。此信呈报天庭后，和以往的结果一样：石沉大海，连个水花都没有。正如他在信中所言“太阳虽不为之回光”，他却依然一厢情愿地“葵藿倾阳”（也许是不得已而为之）。第二年曹植就在郁郁寡欢中病逝，年仅40岁。

唐朝著名诗人杜甫在他的《自京赴奉先县咏怀五百字》中，也用过这个成语：“葵藿倾太阳，物性固莫夺（冬葵、藿叶向太阳是植物的天性不可改变）。”杜甫一生忧国忧民，忠君，念家，却怀才不遇，在这首五百字的五言诗里，种种复杂的情感交织在一起，既反映了当时尖锐的社会矛盾，揭露了贫富不均和人民的深重苦难及统治者的荒淫腐败，也表达了自己报国无门的郁闷心情。除了这个成语，百句五言诗还留有“朱门酒肉臭，路有冻死骨”等脍炙人口的名句。可惜的是，圣上唐玄宗也没有听到这朵葵花、这片藿叶微弱的表白，最终杜甫漂泊在江湖，凄惨地死于一叶扁舟中。

其实历史上此类书生（当然不乏文武兼备之仁人志士）不在少数，只因执政者的视角各异，有的对其倍加防范，有的对其欲置之死地而后快，有的则因阴错阳差与“葵藿”失之交臂。果真如此的话，可叹“葵藿”们空有报国志，一片忠心付了驴肝肺。还有的“葵藿”也许自我感觉太好，为“报国无门”而感慨，这就是事物的两个方面。此外，历史上声称自己是“葵藿”并且也得到了阳光照耀，一旦乌云来临却又吠日不已的也不在少数。我记得“文化大革命”时，有句话风靡一时，叫作“忠不忠看行动”。想必那个时代过来的人还有印象。

注：冬葵为我国古代重要蔬菜之一。（《辞海》）

我国现在种植的向日葵乃17世纪初由西方传教士引入。明万历年间赵崡（1569–1637）著《植品》（1617）：“又有向日菊者，万历间西番僧儒携种入中国。干高七八尺至长余，上作大花如盘，随日所向。上赐名向日菊，后其种渐布民间。”

梨花带雨

——其他花就不能带雨吗

女儿和她母亲爱看传统戏剧，一天看罢京剧《大唐贵妃》，回来就问我：为什么是“梨花带雨”，其他花就不能带雨吗？我又是一副狼狈的样子。过了几天才勉强作答如下：

“梨花带雨”：语出唐朝白居易的《长恨歌》：“玉容寂寞泪阑干，梨花一枝春带雨。”“梨花带雨”原为形容杨贵妃泣下如雨时的姿容。后用以形容女子的娇艳。（《汉语成语大辞典》）

梨花是春天里的花，春天里百花盛开，名花也不少。可白居易为何偏偏用“梨花带雨”，而不用“桃花带雨”或者“杏花带雨”再或其他什么花带雨呢？原来白居易是经过深思熟虑的，否则他也不配被人们冠以“诗王”的称号了。

梨花又叫玉雨花，洁白如玉，温婉素雅，雨后观赏犹如美人带泪，特别是雨后的梨花被打得七零八落，花瓣铺满大地，令人怜惜。梨花还因谐音“离”，在诗词中多用以指离别、离愁，表达人们的分离之苦，离别之痛（所以人们探访病患时，忌讳送梨）。虽有一夜间“千树万树梨花开”的欣喜，却因花期短暂而令人惋惜、惆怅和无奈。

桃花多为粉红色，容颜艳美，鲜艳欲滴，纵然雨后也热情似火。桃花娇艳，生机盎然，暗指红颜、姻缘，民间俗称“桃花运”是也。唐朝崔护《题都城南庄》诗云“人面不知何处去，桃花依旧笑春风”，意为女子笑起来灿若桃花。如果用桃花带雨怎么都不会有令人怜的意境和感觉。

杏花则有变色的特点，未开放时花苞艳红，随着花苞逐渐绽放花瓣颜色也由浓转淡，到了凋谢时就成了雪白一片，岂不成了杏花带血或杏花带雪了？

可见，唯有用梨花比喻女子哭泣时柔弱娇美的姿态最贴切，也最生动。说起“梨花带雨”，自然而然会令人想起一首脍炙人口、传唱至今二十年的京剧名段《梨花颂》，其旋律委婉动人，既突出了梅派唱腔的特点，又融入了现代京剧的创新，极具韵味。据说，《大唐贵妃》公演前两个月，作曲家杨乃林临危受命接受了谱曲任务，其中的《梨花颂》是他在上海的一个瓢泼大雨夜硬憋憋出来的。作者紧紧抓住梨花、雨、贵妃身世这几个关键词，结合古今，一气呵成。作品一经问世，首先得到了梅葆玖先生的高度认可，更得到了世人的青睐；不仅唱响大江南北，还唱到了维也纳金色大厅，成了享誉中外的经典之作。

试想，春天里、梨树下、细雨中，柳泣花啼，听着《梨花颂》浅吟低唱，该是怎样的一种心情和意境啊！

梨园子弟

——“我爸是李刚”的类似表达

梨园：唐玄宗时教练宫廷歌舞艺人的地方……玄宗曾选坐部伎子弟三百人和宫女数百人于梨园学歌舞，有时亲加教正，称为“皇帝梨园弟子”。后人称戏班为梨园，戏曲演员为梨园子弟，源出于此。（《辞海》）

梨园子弟或梨园弟子就是戏曲班子里（体制内）的伎人、优人、伶人、艺人，泛指演员。弟子还是门生、学生、徒弟的别称。

据《新唐书卷二十二·礼乐志》记载：梨园原先只是皇家禁苑中与枣园、桑园、桃园、樱园等诸多园林并存的一个果树园林，是宴饮的场所之一，皇帝李隆基在此开设培训班后才成了专有名词。

唐明皇李隆基，庙号唐玄宗，是唐睿宗李旦的第三个儿子，又名李三郎，执政50年，是大唐在位时间最长的一位君王。他有好一阵子是文武双全的，文功武治开创“开元盛世”，因而到了后期就有了加强“文艺建设”的意识和资本，顺便给后人留下了关于他和杨贵妃故事的极大的创作空间。《旧唐书·本纪》说唐玄宗“多艺尤知音律，善八分书（书体之一，东汉时创造，唐称为隶书，今为楷书）”。李隆基皇帝擅长器乐演奏、作曲、改编舞曲，书法还特别好，留有《喜雨赋》《梅亭》《忆梅妃》等大量诗词作品。爱妃杨玉环不仅有羞花之貌，音乐、舞蹈也都有很深的造诣，尤其善于胡旋舞（西域传入的一种舞蹈，节奏鲜明，奔腾欢快，在打击乐的伴奏下，舞者快速地旋转“急转如风”夹杂踢踏，此舞在唐代盛极一时，杨贵妃的胡旋舞技艺无人能及）。另外据说她的文笔也不错，《全唐诗》收有她的《赠张云容舞》。唐玄宗曾亲自谱了《霓裳羽衣曲》，杨玉环则创作并跳霓裳羽衣舞，夫唱妇随极其融洽。正因为两人有共同的爱好，李隆基专宠杨贵妃也就不足为奇了，常常在梨园组织活动，梨园渐渐成了吹拉弹唱说演的专用场所。后来，李隆基觉得自娱自乐不能满足其扩大影响的需要，索性将梨园改办成“戏曲学校”。一时间，演艺界精英蜂拥而至，被闽台民间视为乐工祖师的雷海青（注）等人就是那时进的梨园。李皇帝亲自担任校长和教师，“玄宗既知音律，又酷爱法曲，选坐部伎子弟三百，教于梨园。声有误者，帝必觉而正之，号皇帝梨园弟子”。受教的学生和数百名旁听宫女为抬高身份，对外都号称自己是“梨园弟子”，是皇帝戏校的人，是李隆基的学生。唐玄宗的中央梨园戏剧学校设有两个部门对学校实施日常管理，一个管业务，一个负责行政和后勤保障。能有幸选入中央文艺团体的人虽社会地位并没有因此提高多少，但生活待遇却有了天翻地覆的变化。唐玄宗创办艺校不仅培养了许多文艺人才，附带着还衍生出了一个产业，如编剧、作曲、乐器研发和制作、服装等，带动了第三产业和创造扩大了就业，为 GDP 增长做出了贡献，后来的后来，还产生了一个独特的群体：票友和追星族。

伎人、艺人、演员或者用比较正规的称呼——文艺工作者，在封建时代则被称作优伶。

优伶：古代以乐舞戏谑为业的艺人的统称。宋元以来，常把戏曲演员称作优伶、优人或伶人。

据《吕氏春秋·仲夏纪》记载，黄帝时期有个为黄帝管理家庙、主持祭祀的乐官（家庙管家兼仪式司仪、主持人）名字叫作“伶伦”，因为以“优”（优：古代的乐舞戏谑）为业，就被称作“优伶”（俗称就是“戏子伶”，连名字里的“伦”都省去了）。伶伦也称泠伦，能歌善舞，深谙音律，发明律吕（旋律）、乐律和乐器（编钟），作五律、五音（即简谱1、2、3、5、6；一般认为西方有七音，另有4、7，使音乐更加丰富、悦耳），因而被尊称为中国音乐的始祖。

古代优伶是有性别区分的，男演员称优，女演员称伶。后来这种区分不明显，凡是演员统称伶人。优伶的社会地位非常低下，源于出身卑贱的家庭，如奴仆、俘虏、罪臣的妻子儿女等，人身依附性极强，可以被主人买卖、赠送。优人的人身自由受到极大限制，优伶不可骑马、不准进入乡学等场所，即使到了清代，也还规定，优人之后三代不得参加科举考试。古时优伶在博取帝王贵族以及大众一笑的同时，仍然被世人歧视，贬称为卖笑的戏子。

1982年，浙江绍兴坡塘狮子山西北坡的春秋墓葬306号墓出土了一件精巧的先秦青铜器——春秋伎乐铜屋，高17厘米，面宽13厘米，进深11.5厘米，内有六个跽坐小人，前排两名女歌伎，后排四名男性，两人抚琴，一人执槌击鼓，还有一人捧笙吹奏。考古认为，这是一件反映2500多年前古越国贵族举行宗教祭祀时伎乐表演场景的陪葬物品，表现形象、生动。此足以证明我国的优伶史源远流长。

优伶因为地位低下，属下九流，所以史书记载不多，不过《史记·滑稽列传·优孟》倒是一个例外。

《辞海》记载：优孟，春秋时楚国优人。楚庄王之爱马死，拟葬以大夫之礼，谏阻者皆遭责骂，优孟请葬以诸侯之礼，使举世皆知庄王之重马轻人。

优孟姓什么不知道，只有个名字“孟”，唤作优孟，意为“叫作孟的伎人”。优孟因其演技出众得宠于楚庄王。优孟除了演技精湛，情商还不低，常常借机讥讽时弊规劝君王。楚庄王不仅不怪罪，反而愈加喜欢他。庄王的爱马死了，想以大夫的规格厚葬，谁反对就骂谁，吓得没人敢劝阻。优孟反其道而行之，不仅不抨击，反而大加“赞颂”，说：“做得好！但是，还可以做得更好！”优孟说，庄王啊，你应该用诸侯的规格来葬它，好让世人都知道你楚庄王是个只重视马而轻视人的君王！楚庄王听了如梦初醒，马上认识到自己错了，问优孟怎么办？优孟说：“很简单：放点儿作料一锅炖，让大家分而食之。”楚庄王及时改正了自己的错误。

古往今来，作为一名优伶、伎人、艺人或者称演员、文艺工作者，能做到优孟、雷海青这样的还真的没几个，难怪司马迁要在《史记》里专门给优孟写上一段，为艺人立了个榜样，我们后来称之为“德艺双馨”。

注：“雷海青，唐代宫廷乐师。精通琵琶。据《明皇杂录》记载，安禄山叛兵攻入长安，掠文武朝臣及宫嫔、乐师，送至洛阳，在凝碧池作宴，并露刃威迫众乐师奏乐。雷将乐器掷地痛哭，以示抗拒，被安禄山肢解示众。”（《辞海》）

相传，雷海青（696—756）是福建莆田东峤镇田庄村人。幼时被弃路边，由戏班养大。雷海青聪慧好学，能扮演各种角色，会演奏各种乐器，尤其擅长演奏琵琶。公元741年，唐玄宗置梨园教坊，广选乐工，听闻福建有个演艺能人，就派专人寻访。

雷海青经应知应会考核后，被聘为宫廷乐师、梨园老师兼班主任。“安史之乱”中，雷老师和百余“梨园弟子”被叛军俘获，因拒绝在叛军的庆功宴上演出，被安禄山斩杀。“安史之乱”后，李皇帝为表彰其忠烈和技艺精湛，诰封雷海青为“天下梨园大总管”，后来唐肃宗加封“田都大元帅”（福建两广一带的戏神为田都元帅）。因其出生地的缘故，闽台一带民间将其视为戏神供奉。

墨守成规

——墨子 PK 公输班（鲁班）的制胜法宝

我是不大赞成把“墨守成规”理解为“因循守旧”或者“故步自封”的，因为“墨守成规”的本义并非如此。

墨子（约前 468—前 376），名翟，春秋战国之际思想家、政治家，墨家的创始人，相传为宋国人，后长期住在鲁国。曾学习儒术，因不满其烦琐的“礼”，遂另立新说，聚徒讲学，成为儒家的主要反对派……他的“非攻”思想，体现了当时人民反对掠夺战争的意向……弟子很多，以“兴天下之利，除天下之害”为教育目的，尤重艰苦实践，服从纪律。墨子学说对当时思想界影响很大，与儒家并称“显学”。（《辞海》）

墨守：战国时墨翟以善于守御著名（事见《墨子·公输》），后因称善守者为“墨守”……后多用为固执不知改变之意，如墨守成规。黄宗羲《钱退山诗文序》：“如钟嵘之《诗品》，辨体明宗，固未尝墨守一家以为准的也。”（《辞海》）

成规：《三国志·蜀志·蒋琬费祎传评》：“咸承诸葛之成规，因循而不革。”亦谓老规矩、老办法，多贬义。

《常用成语词典》对“墨守成规”的解释是指固执地按老一套办，不求改进。

我认为这个解释是不够准确的，与原意南辕北辙，倒是用“泥古不化”比较吻合。

结论就是：楚王得了“偷窃病”。而楚王不想被人称为有“偷窃病”，于是就拼命否认。楚王的否认正中墨子下怀，他立即说，既然大王没有此病，那为什么要去进攻宋国呢？楚王在墨子凌厉的攻势下理屈词穷，也甩锅给别人，只能喃喃地说：鲁班已经造好了云梯，我想检验它的实效。墨子马上提出和鲁班来一场沙盘推演，检验云梯的作战效果如何。鲁班平时就憋着气，想与墨子较量一番，于是不假思索地答应了。双方围着沙盘，以模型为兵开展了一场惊心动魄的攻防战。鲁班首先拿出他的得意之作——云梯攻城，墨子用火箭射云梯底座，烧毁云梯；鲁班用撞车冲撞城门——墨子用滚木、礌石往下砸，不仅砸毁了撞车还给撞车的进攻道路设置了障碍；鲁班在城外挖地道——墨子就沿城墙埋瓮，侦听地道方向，然后烟熏、水淹……九个回合下来，鲁班的招数被一一化解。最后，鲁班气急败坏，竟起了杀心。墨子早已看穿了鲁班的心思，就说，我知道你想干什么，我即使死了也没关系，因为我的三百弟子都已经掌握了我的攻防理念（遵守我墨翟早已定好的规矩），又都会制作防守器械，他们“墨守成规”正等着你进攻呢。最终，无计可施的楚王不得不放弃了伐宋的计划。

根据这段历史故事可以知道，“墨守成规”这个成语的原意是指：墨翟善于守城靠的是他的“成规”，而这个“成规”就是我们今天使用频率很高的一个词，叫作“预案”。而且他的“成规”是实践经验的总结，既是早已做好的方案，又是与时俱进的、不断修改完善的计划、规则和方法。所以“墨守成规”就是“胸有成竹”，是克敌制胜的法宝，而不应该是一个贬义词。

目不识丁

——“丁”怎么就成了汉字的象征

“目不识丁”即“不识一丁”，形容人不识字或没有学问。《旧唐书·张弘靖传》：“今天下无事，汝辈挽得两石力弓，不如识一丁字。”（《汉语成语大辞典》）

按“丁”与“个”，篆文字形相近，“丁”即“个”之误，后世因称不识字为“不识一丁”或“目不识丁”“睁眼瞎”。

中国汉字到底有多少个，也许难有精确的统计数字表述，康熙字典有汉字47035个，1994年出版的《中华字海》收录86699个，《字库》有出处的汉字91251个。1977年版的《辞海》选收单字14872个，选收词目91706条。国家语言文字工作委员会1988年颁布的《现代汉语常用字表》收录汉字3500个，其中2500个为常用字，1000个为次常用字。2008年出版的《现代汉语词典》收单字9000余个，加上繁体字共计12000余个。在汉字中，笔画最少、最为简单的当数“一”字，两画的字也有好些个，为什么“目不识丁”这个成语，偏偏取“丁”作为汉字的象征而不取其他。《辞海》说这个“丁”原本是个“个”字，因字形与“丁”相近而误，从“不识一‘个’字”演变成“不识一‘丁’字”。

此误经宋代学者孔平仲考证过，在他的《续世说》中有论述，并且得到另一位宋代学者洪迈的认同。洪迈的《容斋俗考》里说：“今人多用“不识一丁字”，谓祖《唐书》。以出处考之，乃个字，非丁字。

盖个与丁相类，传写误焉。”既然出处在唐书，那么这个成语唐书里是怎么说的呢？

《旧唐书·张弘靖传》里幽州节度使张弘靖是个贪官，有两个手下，一个叫韦雍，一个唤作张忠厚，经常胡作非为，打骂士兵。一次，两人喝醉了酒，嫌士兵没有伺候好，就大骂道：现在天下太平，你们这些个粗野之人，只晓得拉开 240 斤的弓，还不如认得一个“丁”字的人有用。后来，张节度使伙同这两个部下贪污军费二十万贯，导致部下韦雍、张忠厚被杀，还差点儿酿成兵变，皇上宽容将其贬为抚州刺史。“目不识丁”就是由贪官骂人这么骂出来的。但宋代学者洪迈是怎么考证出“丁”是“个”的误传误写并没有完全讲清楚，只有结论，没有过程（当然不排除在下孤陋寡闻，学业不精）。关于这个成语，坊间流传的一个故事，倒似乎比学者的考证容易令人信服些，也有趣得多（恕作者武断）。

说是不知哪朝哪代，反正是很久很久以前，有个姓丁的财主，养了个儿子十多岁了还愚不可及，接连请了几个教师都没能教会他一个字。丁财主心急如焚，贴出告示称：若教会其子识字，每一字以十两银子作为报酬。有位老秀才自信满满揭了榜。老秀才心想从你的姓开始教应该容易吧，“丁”就一个音节，总共才两画。于是师生两人每天从早到晚翻来覆去就“盯”着一个“丁”，谁知连“丁”了九天，丁公子愣是过目就忘。第十天，丁财主想了解宝贝儿子的学习情况，就传话说要来“视察”。老秀才非常着急，情急之中想了个作弊的法子，他拿了枚铁钉塞在丁少爷手里，告诉他说，一会儿你如果读不出“丁”，就看看手里拿的是什么。丁少爷点点头，回道，知道了。

丁财主来了，老秀才写下一个大大的“丁”字，问，少爷，这个字念什么？丁少爷上、下、左、右，横看竖看，只觉得这个字比平常看到的大许多，憋了半天，就是不认得。老秀才头上直冒汗，顾不上忌讳，大声提示道，你手里拿的是什么！丁公子张开手，低下头看了看，说，一根细铁棒。老秀才气得直跺脚，真是朽木不可雕也！你目不识丁不要紧，我那十两银子可是飞走啦！从此，目不识丁就这么流传了开来。

一朝），臣子须凭笏在卯时（清晨5～7点）签名报到，又叫“点卯”。来到大殿，须严格按照级别和地位站在指定的位置，不可逾越，并用笏板遮挡住自己的脸，眼睛看着笏板，以示对君王、天子的惶恐和尊崇。笏的使用起到了维护朝见场所秩序的作用。

3. 有录音机、记录仪的功能。臣子请示、汇报工作，皇帝总要做些指示，为了原原本本贯彻好领导圣旨，臣子们便认认真真记录在笏。用什么来记，史书没有详细记载。用毛笔吗？此说似乎不太切合实际。且不说笏的面积不大，记不了几个字，光是文房四宝带上殿就是个麻烦事，总不能拿把小刀在皇上面前比来画去吧，官员们也没这个胆。更何况笏板是金贵的可以重复使用的工具，不可能刻一层刮一层（因为那时候还没有橡皮擦，兴许雌黄也能用）。再说，主管会议、文字工作的“办公厅”自有“秘书”从事记录，该颁布的制成“圣旨”下发，官员就不要去抢别人的饭碗了。后来，有了奏折，皇帝直接批示，笏的记录功能便逐渐淡出官场。

4. 汉代北海（今山东寿光、高密一带）人刘熙所著《释名》中说：“笏，忽也，备忽忘也。”在他看来，笏就一个作用：备忽忘，也就是“备忘录”。是纸张发明以前及以后的记事工具，亦可称之为办公用品之一——工作手册，起备忘录的作用。臣子上朝有事禀报或启奏，生怕忘了重点、要点，便提前在笏板上做好功课，避免差错。特别是重要岗位的官员往往事情比较多，一块笏板不够用，就多准备几块。据《旧唐书·张九龄传》记载，唐玄宗时，“故事，公卿皆搢笏于带，而后乘马。九龄体羸（léi）常使人持之，因设笏囊”。唐朝开元年间，名相张九龄因体弱、劳累，拿不动多块笏，就配了一名“秘书”专门替他背着上朝，还搞了个口袋来装，这个装笏的口袋就叫“笏囊”。久而久之，有官员为显示自己承担着管理江山社稷的重任，于国家一天不可或缺，就效仿张九龄，不论事多事少也背着“笏囊”上朝，颇有上学的模样。

5. 此外，偶尔甚至可以当作武器使用，如“击贼笏”。唐德宗时，重要军事将领朱泚（cǐ）谋反，邀约不被朝廷重用的名将段秀实加盟。段秀实在假意应承的同时，趁机策反瓦解分化朱的部队，并在与朱泚见面时，夺过别人的象牙笏猛击朱泚的头，使朱血流满面。后来，段秀实被害，连被袭击者朱泚都称他是义士，唐德宗也因未重用段秀实而非常后悔。宋代文天祥在《文山先生全集》卷十四《正气歌》写道：“或为击贼笏，逆竖头破裂。”对段秀实大加赞赏。

随着历史的发展，正是因为笏板的程式化大于实际意义，清代废止后，“笏”被演化为演戏的道具，“袍笏登场”也成了一个贬义的成语。

庖丁解牛

——有名还是没名的宰牛人

武汉大学历史学院鲁西奇教授研究认为，虽《通志·氏族略》认为“贵者有氏，贱者有名无氏”，但实际上，上古时代庶人亦有其姓氏，但不称其姓，只称其名。庶人之名，源于口语称谓，以音表达，并不书写。庶人多不识字，不能自书其名，遇有登记户籍、制作籍账、记录禀食发放情况时，只能根据庶人自报其名的发音，并结合在场当事人的身体特征，选取自己认为适当的文字书写成特定汉字。“春秋战国”以后，庶人在文字表述系统中，才逐步拥有书写成文的“名”，而且在“名”不足以标明具体之人的情况下，复在“名”之前冠以姓、氏。

因此，我以为，上古时代的庶民，常常有名而不被名是常有的事。“庖丁解牛”中的“庖丁”也许就是无名无姓而实际上有自己名字的一位厨子。

庖：1. 厨房。2. 厨师。

庖丁：厨师。《庄子·养生主》：“庖丁为文惠君（梁惠王）解牛……”成玄英疏：“庖丁，谓掌厨丁役之人……”

解：1. 剖开。2. 分裂。（《辞海》）

“庖丁解牛”：比喻技艺神奇。（《中国成语大辞典》）

出自《庄子·养生主》：“庖丁为文惠君解牛。手之所触，肩之所倚，足之所履，膝之所踦，砉（xū，响声，破裂声）然向然，奏刀騞（huō，破裂声）然，莫不中音。合于《桑林》之舞，乃中《经首》之会。”文惠君曰：“嘻，善哉！技盖至此乎？”然后庖丁作了一番解说，梁惠王听后茅塞顿开地称赞道：“善哉！吾闻庖丁之言，得养生焉。”

意思是说，有个厨子为梁惠王宰牛，肢解牛时手接触的地方、肩膀倚靠的地方、脚踩的地方、膝盖顶的地方有节奏地哗哗作响，与刀插入牛身分割牛肉发出的嚯嚯声交织在一起，充满着律动，既合乎商汤时《桑林》舞乐的节拍，又合乎尧舜时《经首》的乐曲节奏。观看庖丁解牛简直就像是在聆听一场音乐会、欣赏一部舞蹈剧，梁惠王情不自禁赞叹，并询问怎么才可以到这样的地步？庖丁说，分解牛的关键是顺应牛的生理上的天然结构，将刀插入牛的肯綮（qǐng，筋和骨的结合部）间，以薄薄的刀刃游走在肉、骨、筋的空隙之间。于是，梁惠王得出结论：养生之道的核心在于顺应自然，顺应天道，在于顺势、顺时。

然而，一个技艺如此高超、有着如此玄妙理论的人，果真如《辞海》所说，是位不知叫什么名的厨师吗？未必，相反极有可能是个有名有姓的奴隶，只是我们今天不知道而已。

但是，也有人说“庖丁”是名叫丁的或者姓丁的厨师，总也有一定的道理。早于《庄子》的《管子·制分》里就有段文字说：“有屠牛坦，一朝解九牛，刀可剃毛……”即有个名字叫坦的屠牛人，一个早上杀牛九头，其刀仍然锋利无比还照样可以剃胡须。《庄子》里常常将职业加人名作为人物称谓，如“匠石”是名叫石的石匠；“轮扁”是一个名叫扁的斫轮工人。照此推理，庖丁之“丁”好像应该就是他的名字，当然说是姓也讲得通。但是综合起来看，“庖丁解牛”的“庖丁”

还是通俗地称“厨子”或者“饭师傅”比较好。古时候的厨师地位虽不高，技能要求倒不低，挑选畜禽、宰杀、选用各种食材辅材调料、削洗、切配、红案白案、头灶二灶、装盘等全都一肩挑。能接触到贵族，因而见识颇丰，往往能说出很有见地的话，甚至还能当上官而且是很大的官，如商朝的宰相伊尹（伊尹是以伊水河为姓的宰相的意思，也是奴隶出身的厨师）。庖丁解牛时有这样大段的高见也就不足为怪了。

总之，我比较同意武汉大学鲁教授的观点。因此，庖丁其实有名也有姓。话又说回来，“庖丁解牛”这个成语重在寓意，“庖丁”姓甚名谁即便考证出来了好像意义也不是很大。

皮里阳秋

——谦逊的国丈

“皮里阳秋”在《辞海》里标注得很清楚，实际上是“皮里（裹）春秋”。表面上不做任何批评而心里却有所褒贬。《晋书·褚裒（póu）传》：“裒少有简贵之风……曰：‘季野（褚裒字）有皮里春秋。’言其外无臧否，而内有所褒贬也。”亦作“皮里阳秋”，因晋简文帝母名春，晋人避讳，故以“阳”代“春”。

“阳秋”即孔子所修的史书《春秋》。孔子编订过鲁国史书，对历史人物和事件往往寓有褒贬而不直言，这种写法称为《春秋》笔法。“皮里阳秋”指内心深藏褒贬而表面不说出来。（《中国成语大辞典》）

褚裒（303—349），东晋河南阳翟（今河南禹州市）人，字季野。其女为康帝皇后。官征北大将军，镇京口（今江苏镇江）。永和五年（公元349年）后赵石遵嗣位，他率军进驻彭城（今江苏徐州），代陂一战，晋军失利，退兵，不久病死。而褚季野的“光辉事迹”是南朝宋文学家刘义庆写的。

刘义庆（403—444），彭城（今江苏徐州）人。刘宋宗室，袭封临川王，曾任南兖州刺史、都督加开府仪同三司。爱好文学，招纳文士。撰有《世说新语》，记述汉末、魏、晋士大夫的言行。原有集，已失传。（《辞海》）

《世说新语》共36篇，集中记载了历史上直至南朝宋，包括世家贵族、文人雅士遗闻逸事和玄言清谈，以及黎民百姓的生存状况，是一部反映社会的百科全书，也可以说是故事集、笔记小说，是我国最早的文言志人小说集。《赏誉》是其中第八篇，“桓茂伦云：‘褚季野皮里阳秋。’谓其裁中也。”就是《赏誉》中雅量第十八则别人赞扬褚季野的话。

褚季野不因女贵、自己官大而不可一世，相反处处低调、谦让，官声、名声俱佳，受到世人称赞，谢安、房玄龄、李舜臣等重量级人物都对其予以高度肯定。

据说，女儿当上皇后以后，褚季野恳求康帝免去自己的侍郎、尚书职务。康帝驾崩后，穆帝司马聃（dān）继位，因年幼由太后褚蒜子临朝听政。褚季野为避嫌，坚决辞去总揽朝政的参录尚书官职。

还有传闻，甚至褚季野家中做饭用的柴火，常常都是由家中的仆人上山去砍来的。他任太尉记事参军时，有一次和几个同人出差到钱塘亭驿站投宿，恰逢县令送朋友过浙江也在此公款宴请。亭吏（办事处处长、接待办主任之类的官员）就以首长有重要接待为由把褚季野等人安排到牲口棚。此时，县令大人喝多了，就用言语挑逗他们。见褚季野他们骂不还口，县令更加猖狂。责问道：你是何人哪（可见褚季野确实是个低调的人，官场上不多抛头露面，所以朝廷命官居然不认得这么大的干部）？褚季野老老实实报出自己的名和姓，以及自己的官衔。县令一听酒都吓醒了，忙不迭地赔礼道歉，又是宰杀牲畜重新安排酒宴，又是另行安排套房，还不时责骂招待所所长，以求得褚季野的原谅。而褚季野的言谈、举止、神态还是那样平和，好像什么事都没有发生过一样，事后既没有告状也没有打击报复，同人们都很钦佩他的胸怀和雅量。

按说，在那个年代褚季野是最有资本骄奢淫逸和颐指气使的，一来背景硬，无人能及；二来自己实力强，有军队能带兵。褚季野一心只为江山社稷着想，主动走向边缘化。能自觉警惕人生最大的三大诱惑：权势、财富、名誉，是需要有坚定的信念和无人能及的定力的。褚季野在位时为人正直，为官清廉，不搞小圈子，不卖官，不仗势欺人，不打击报复，不贪图享乐，正因为这些，才使得褚季野这位皇帝的岳父名垂青史。

“皮里阳秋”可贵在心里有底线，知道什么可以做，什么不可以做。上海话说“拎得清”“低调就是腔调”，和这意思差不多，封建社会的官吏尚且如此，值得当今公仆警醒自勉。

拼命三郎

——张冠李戴的绰号

提起“拼命三郎”，人们脑海里便会立刻跳出《水浒传》中路见不平、舍命相救，设计洗刷“病关索”杨雄和自己污名的石秀来。1957 年 3 月毛泽东主席在《坚持艰苦奋斗，密切联系群众》一文中也说：“《水浒传》上有那么一位，叫拼命三郎石秀……”

据《水浒传》描写，石秀早先是个羊马贩子，既无兄弟姐妹又无类似“桃园三结义”的排行，梁山上坐第三十三把交椅。可怎么就被江湖唤作“拼命三郎”？原来石秀是沾了皇帝——后赵明帝石勒的光，两人没有血缘关系，仅仅都姓石而已。在《大宋宣和遗事》中拼命三郎又换了称号，称之为“宋江三十六人中有弃命二郎石秀”。至于为何变石秀为“弃命二郎”，笔者未加探究。

其实“拼命三郎”这个绰号原本并不是石秀的，而是人家东晋十六国时期赵国的创始人石勒的。人们之所以只知石秀而不知石勒，导致鹊巢鸠占，盖因《水浒传》在民间的影响太过强大，不过，“拼命三郎”这个汉语成语能为百姓津津乐道，盖因石秀的精彩表现。

“拼”：1. 连合；缀合。如拼音、东拼西凑。2. 义同“拚”，不顾惜，豁出去。如拼命。

石勒（274—333），十六国时期后赵的建立者，公元 319 ~ 333 年在位。字世龙，上党武乡（今山西榆社北）人，羯族……公元 319

年自称赵王，建立政权，史称后赵。公元 329 年初灭前赵，取得中国北方的大部分地区，建都襄国（今河北邢台）。公元 330 年，称帝，年号建平。（《辞海》）

据《晋书·载记第四》和山西柳林县官网称：石勒（274—333），字世龙，排行老三，俗名石三郎，羯族，上党武乡（今山西榆社）人。羯族最初是匈奴贵族的奴隶军队，是匈奴族的一个分支部落，属白种人游牧种族族群，也往往被汉人统称为胡人。

据说羯胡族人在血缘上同犹太人有瓜葛，没有姓氏只有名，名字以音译为主，在《圣经·旧约》里可以找到对应的英雄、名人、出处。石勒家族是部落世袭，所以子孙的名字可复制《圣经·旧约》里犹太王的名字，并可重复使用。石勒的名字源于《圣经》中的“细罗，示罗（shiIoh）”，是“平安、和平、你好”的意思，其父母祈求石勒的降临能给家族带来好运。石勒起兵后遇到“拉比”（即传教士，也是大力士）汲桑，汲桑按汉人习惯将石勒名字近似读音划分为姓和名，从此石勒和他的后代有了姓氏——石。

少数民族石勒长得雄壮伟岸，武艺高强，虽然不识字，经历却十分丰富，智商情商都很高。石勒放过牧懂相马，种过田知艰辛，经过商晓奸诈，还曾被并州刺史卖往河北为奴。石勒不仅在部落中有人缘，起兵后的将士关系、军民关系处理都很得当，深受拥戴。石勒在汉人张宾辅佐下，以襄国（今河北邢台经济开发区一带）为根据地，先后灭了王浚、邵续等西晋在北方的势力，公元 319 年 11 月立国称赵，都襄国。公元 329 年吞并关中取上邽灭前赵，北伐代国，成为当时北方最强的国家。石勒史称后赵明帝，是中国历史上唯一以奴隶身份起家的皇帝。

石勒曾转战山西，驻军柳林县山堡梁，素以作战骁勇、奋不顾身著称，又因其排行老三，故人称“拼命三郎”。称帝后，山西人民将“山堡梁”易名为“三郎梁”，将其构筑的“山堡”称为“三郎堡”，以资纪念。

尽管如此，人们还是往往将石秀比作“拼命三郎”，真正的“三郎”倒被人们忘记了，并对作战勇敢、不怕死，干工作为事业付出一切的人冠以“拼命三郎”之名。

我上中学时“文化大革命”正如火如荼。“复课闹革命”后学校秩序并无好转，一些发育早、长得人高马大的学生往往纠结成帮，欺负同学（现在叫霸凌）。为避祸，我们几个文弱学生常常相约同行（现在叫抱团取暖）。唯独我班有一个貌不惊人、身材纤弱的同学，独来独往，毫无惧色，反倒是那些“帮派”人物主动躲避他。我们很奇怪，就问他原因，他说，他们打不过我。我等愈加奇怪，细问才知道，原来有一次那些人无端围殴他一个，他的战术是：紧盯着领头的大个子一个人，手脚并用甚至牙齿啃啮地拼命死缠滥打，以致自己被人打得哪怕鼻青眼肿，就是流血了也全然不顾，只打得大个子一个劲儿地叫救命、拼命往外挣脱。其他人不明就里，似乎得了恐惧传染症，一个往外逃，个个跟着逃。从此，那帮人看见他就发怵。他的这种战法也有几分“拼命三郎”的精神，我们几个听了深受启发，暗想如果下次有人欺负我们，就这样对付。可一直到我参军，也没有能用这种战法与人打架的机会，至于再后来的几十年工作中，是否有“拼命三郎”的精神，我自己不敢妄断。大言不惭地说一句，反正各类先进证书、奖章也得过几十个，有局级的也有市级机关的，这种精神还是有一点儿的吧。

能被人冠以“拼命三郎”者，实际上是对其行为的高度认同和赞扬，并非只要不怕死就可以获得的，也绝非蛮干就可被戴上“拼命三郎”桂冠的，汉时的樊哙不行，《水浒传》里的黑旋风李逵也没有资格，“拼命三郎”必须有“正义感”，智勇双全。如果说石勒离现在太过久远，那么，你看看石秀是如何洗刷冤屈的便可略知一二。

扑朔迷离

——明明显而易见为何成了迷离恍惚

《花木兰》上映后，女儿问：历史上有没有花木兰这个人，什么朝代的？我说：没有这个人，是文艺作品塑造的艺术形象。不过《木兰诗》和成语“扑朔迷离”倒是真的存在。

古乐府《木兰诗》：“雄兔脚扑朔，雌兔眼迷离；两兔傍地走，安能辨我是雌雄？”扑朔、迷离，谓模糊不清，很难辨别其为雌为雄。后用“扑朔迷离”形容事情错综复杂，不易详其究竟。（《辞海》）

吉林大学出版社 2009 年版《常用成语词典》对“扑朔迷离”是这样解释的：

扑朔：乱动。

迷离：眼睛半闭。

原指难辨兔的雄雌，后来形容事情错综复杂，不容易看清真相，详其究竟。

“扑朔迷离”源出古乐府《木兰诗》。花木兰是北朝文学故事人物，女扮男装替父从军，退役后用傍地走的兔子难辨雌雄，来比喻朝夕相处十余载的战友们不辨花木兰性别的情景。

相比其他动物，人们可以从毛皮、羽毛色彩的斑纹及艳丽程度、体形大小或者叫声等特征来区分雌雄，兔子特别是奔跑中的兔子的雌雄是很难辨别的。《木兰诗》里这句话告诉我们：把兔子提溜起来就能很容易辨出雌雄。具体方法是，抓住兔子的双耳把它提起来，雄兔的脚爪必然抓挠、扑腾不止（“雄兔脚扑朔”），雌兔则不会扑朔，只是把眼睛眯起来（“雌兔眼迷离”），据此即能知晓兔子雌雄。简言之：扑朔者，雄；迷离者，雌。

既然如此，《辞海》和《常用成语词典》对“扑朔迷离”的解释反倒让人迷茫。兔子的“扑朔”或“迷离”明明已经把兔子的雌雄分辨得明明白白，为什么要用“扑朔迷离”来形容事情错综复杂，不易看清真相，似乎该用“脱兔难辨雄雌”更为妥帖。不过，先不要下定论，再琢磨琢磨！噢，原来古人创造这个成语要表达的是这么个意思：奔跑中的兔子离开了“扑朔”和“迷离”，谁还能辨其雌雄？花木兰男扮女装，从军多年，一样难辨雌雄。不过，也有一种社会现象，扑朔者不一定是雄，而迷离者也不一定是雌，甚至故意反其道而行之！此类现象各行各业皆有表现，尤以演艺界为甚，不男不女，角色错位，长此以往阳刚之气日衰。

面对纷繁复杂的社会，但愿能够“借我一双慧眼吧，把这世界看个清清楚楚，明明白白”。还是该扑朔的扑朔，该迷离的迷离为好，这才是原生态的自然界，才是人性！

铅刀一割

——直抵人心的语言力量

铅刀：铅质的刀，言其不锋利。贾谊《吊屈原赋》：“莫邪为钝兮，铅刀为铦。”比喻才力微弱，有鄙视或自谦之意。《盐铁论·殊路第二十一》：“今仲由、冉求无檀柘之材，隋和之璞，而强文之，譬若雕朽木而砺铅刀。”《后汉书· 班超传》：“况臣奉大汉之威，而无铅刀一割之用乎？”（《辞海》）

“铅刀一割”换句话也可以这么说：小人虽不才，但愿竭尽所能为之一搏。铅刀虽无钢刀的坚硬和锋利，却也有与之一样的克敌胆气。如果用于写决心书、请战书，绝对是“钢少气多”的豪气表达。

班超上书朝廷的“请战书”里说，我有强大的汉帝国作为后盾，难道连铅刀的作用都没有吗？强烈表达了一名军人的血性和爱国热情。

班超（32—102），字仲升，扶风安陵（今陕西咸阳东北）人，东汉名将，班固弟。永平十六年（公元 73 年），从窦固击北匈奴贵族，旋奉命率吏士三十六人赴西域……巩固了汉朝在西域的统治……保护了西域各族的安全，以及“丝绸之路”的畅通。后封定远侯。他在西域活动达三十一年。（《辞海》）

东汉著名史学家班彪是他爸爸，长兄班固、妹妹班昭都是著名的史学大家。班超曾在“机关”当过秘书，偶然犯有小错后“投笔从戎”（今有人改用“携笔从戎”）。38 岁出使西域时，部属仅 36 人，这不是每个人都有如此强大的自信心和心理定力的。先后平定西域50多个国家（实际上是部落），采取“以夷制夷”和“以战养战”方针，驻守边塞31年，为中华民族融合做出了巨大贡献。为扩大战果，巩固西域，他在请战书里一句“铅刀一割”深深打动了汉章帝，旋即增派兵马，使班超36人的队伍实力大为增强。班超也从一介书生华丽转身为文武双全的封疆大吏。永元十二年（公元100年），69岁的老将班超思乡日切，上书朝廷。一句“代马依风”，令皇帝仿佛看见老将军犹如一匹长期征战的老马，披着稀稀拉拉的鬃毛，在凛冽的寒风中遥望家乡，仰天呼唤。任何人读到此句，即使不落下同情的热泪，恻隐之心也一定会油然而生，想不批准都难。皇上心生怜恤，恩准其宝刀入鞘，荣归洛阳。两年后，一代文武双全的将星陨落。

所以，最能打动人的不是华丽的辞藻，而是最朴实的真情。延安时期，我军著名将领许世友因受红四军张国焘的错误牵连，私下秘密策划出走被捕关押，和尚出身的他情绪极为抵触，甚至扬言，如果有枪要毙了毛泽东。当毛主席亲自下令允许许世友佩枪带弹，让他来见自己时，许世友被主席的胸怀和信任征服了，许世友三步并作两步进屋扑通一声，双腿跪倒，抬头颤抖地望着毛泽东，双手高高地把驳壳枪举过头顶：“主席，我把枪交给你，他们缴枪我不给。”（注）同时热泪横流，一句“我把枪交给你”的话让毛泽东也止不住流下眼泪。从此，俩人结下深厚友谊，成为我党、我军史上的佳话。

其实，不仅名人，就是我们平头百姓也往往更容易为语言的魅力所打动。不记得在哪里看到却依然记得的这句话：有一天，当你霜染青丝红颜不再，只有我的等待依然是你的手杖、你的雨伞。至今令我相信这个世界有真爱。这就是语言有时虽如“铅刀”，“一割”却往往有直抵人心的力量。

注：摘自曾繁正主编《红色风波中的交锋与较量》上卷第 198 ～ 199 页。

青梅竹马

——娃娃的纯情而非娃娃的定情

竹马是个“神马”？

竹马：儿童玩具，当马骑的竹竿。

李白《长干行》：“郎骑竹马来，绕床弄青梅。”后常以“青梅竹马”形容小儿女天真无邪、亲昵嬉戏之状。（《辞海》）

“青梅竹马”，也称“竹马之交”，多与“两小无猜”连用。《长干行》的“长干”是个地方名，也就是今天的南京。长干巷是古建康里巷。六朝时建康南五里秦淮河两岸有山冈，其间为平地，为吏民杂居之所，江东称山陇之间为“干”，故名……有大小长干巷相连，大长干巷在今南京市中华门外；小长干巷在今南京市凤凰台南，巷西通长江。

自古以来，南京就是交通大码头。李白的爱情组诗作品，反映古代商贾之妻的生活和情感。《长干行》描写了留守在家的妻子思念在外经商许久不归的丈夫，既担心丈夫的冷暖安危，又表达了思夫心切，她祈盼丈夫能提前捎封家书告知归期，自己愿赴数百里外的长风沙迎接。李白诗作中提到的长风沙，是安徽境内长江一处自古与瞿塘峡口的巨石滟滪堆并称险段的一个码头，即春秋时吴楚大战的鹊尾渚，今安庆市东郊长风村。唐代前就有街市，江边有长风城、长风港，供往来船舶补给，商贾水手过夜歇息，北宋时置镇，后逐渐衰弱，清代仍设有炮台，李白曾在安徽生活过 20 余年。从长干到长风虽只有数百里，但在唐代可不是一条坦途，对一个女人而言，更充满了艰难险阻。

其实，“青梅竹马”和“喜结连理”是两个概念、两件事，不可混为一谈。“郎骑竹马来，绕床弄青梅。同居长干里，两小无嫌猜。”描写的是两个小朋友之间淳朴、天真、纯净的童真友情，如同洁净透明的水一般，没有一丝杂质。

巧的是，这对夫妻是发小，从小就在一起玩到大，十分友好融洽，长大后又结为连理，自然十分恩爱，以致妻子愿意不畏艰险，赶赴几百里外迎接自己的郎君。也因为李白和他的《长干行》太过有名，所以，人们一提“青梅竹马”，就以为那都是“喜结连理”这个路数了。

人间许多美好的岁月和事物往往就像镜花水月，随着时光的流逝，一切都成了虚幻，正所谓“神马都是浮云”；相反，能在物欲横流中将美好的回忆保留在记忆深处，永不忘怀，才是真真难能可贵的。但愿人与人之间多一些“青梅竹马”的纯情。

人才济济

——除了“济济”，就没有其他词表示众多的样子？

人才：1. 有才识学问的人；德才兼备的人。2. 才能。3. 指人的品貌。

济：水名，见“济水”。

济济：形容众多，如济济一堂。《书·大禹谟》：“济济有众。”（《辞海》）

“人才济济”：形容有才能的人很多。（《新华成语词典》第2版）

起先我对这个成语中的“济济”是有困惑的，形容众多的词语很多，如林林总总、浩如烟海、灿若繁星等。形容人才多也可以用人才如林、人才如烟海等来表达，为什么偏要用“济济”？

在这个成语里，济（jǐ）水是古四渎之一。从《汉书·地理志》《说文》《书·禹贡》《水经·河水》等著作可知，济水源于今河南省济源市西王屋山，原在山东境内与黄河并行入渤海，后因黄河改道，下游被黄河淹没，现黄河下游的河道就是原来济水的河道。《禹贡》记载：“导沇（yǎn）水，东流为济，入于河，溢为荥；东出于陶丘北，又东至于菏（菏泽，古泽名）；又东北，会于汶；又北，东入于海。”既然济水是一条河的名字，那么，比它名气大的河有长江、黄河等，要形容多又为什么不用“人才长长”或“人才黄黄”，而独用至今已不复存在的济水之“济”呢？

《书·大禹谟》：“济济有众，咸听朕命。”“谟”就是谋，谋划。

《虞书·大禹谟》出自儒家“五经”之一的《尚书》，记有禹、伯益和舜谋划政事的上古事迹。禹是舜的部下，奉命带领人多势众的大军伐苗，“禹乃会群后，誓于师曰：‘济济有众，咸听朕命。’”召开战前动员会（也就是部队集结喊口令），总司令大禹在将台高声喊道：全体都有，听我命令！英语口令就是：Attention ！

我揣摩之所以用“人才济济”形容有才能的人很多，大概是这样的：

一、济水地位崇高

因济水发源于黄帝祭天所在地王屋山的太乙池，所以地位不低。古代中国有长江、黄河、淮河、济水四渎之说，其中唯有济水所在的王屋山是帝王祭祀场所，而读书人、有才能的人往往都认为自己是高于常人的人，与济水在人们特别是在文人士大夫心目中的地位之崇高正好吻合。

二、济水经历坎坷

济水以地下河的形式向东潜流七十余里，到济渎和龙潭地面涌出，形成珠（济渎）、龙（龙潭）两条河流向东，不出济源市境交汇成一条河，至温县西北始名济水。然后第二次潜流地下，穿越黄河而不浑，到荥阳再次浮出地面。再然后济水流经原阳时分为南北两股，南济第三次潜入地下伏行至山东定陶，与北济汇合形成巨野泽再与黄河并行奔向渤海。《汉书·地理志》：济水“过九郡，行千八百四十里”，是黄河下游的一条重要支流，济水与其支流沮水、睢水、菏水、黄沟水（荥川）等满布先民生活聚落——仰韶、大汶口、龙山、岳石等文化遗址，是先民文明的发祥地（《禹贡》《水经注》详细描述了济水的流域、流向、流经、流量以及特点等状况，阐述了济水发挥的作用），象征着文人书生“十年寒窗”的艰辛。

三、济水寓意着人们的精神寄托

公元7世纪，因济水淤塞程度已超出人力疏浚能力而不复存在。却因其曾经“虽然细微，却能至清远浊，坚守其节，波澜不惊，温文尔雅，润泽万物，泽被百世，独流入海”，又因济水三隐三现，神秘莫测，体现了中国古代文人士子们的性格和毕生追求的精神，所以虽济水不续却精神永存。

可见唯用“济济”来形容人才之多才是颇为贴切的，反过来说，是人才就应当具备“济水”精神，至清远浊，波澜不惊，泽润万物，坚守其节。

肉袒牵羊

——以泪退敌的闹剧后续

中国的军事理论研究举世闻名，仅退兵之道就精彩纷呈，令人眼花缭乱，有借智力蒙骗解围的如“空城计”、有凭勇力吓退追兵的如“喝断当阳桥”……然而，不在兵书之列的、凭眼泪也可退敌的战例却绝无仅有地存在过。听起来很可笑，其实也是不得已而为之，而且以泪退敌的后来结果也很惨，只能“肉袒牵羊”，举国投降。

肉袒：去衣露体。古时在祭祀或谢罪时表示恭敬或惶恐。《礼记·郊特牲》：“君再拜稽首，肉袒亲割，敬之至也。”《史记·廉颇蔺相如列传》：“廉颇闻之，肉袒负荆，因宾客至蔺相如门谢罪。”（《辞海》）

肉袒牵羊：露体牵羊，以示降服顺从。《左传·宣公十二年》：“郑伯肉袒牵羊以逆。”杜预注：“肉袒牵羊，示服为臣仆。”（《汉语成语大辞典》）

公元前 597 年，楚庄王又一次率军攻打郑国，占领了郑国首都。郑襄公没有办法，只好光着膀子，牵着羊向楚庄王跪地求和，答应割地、赔款、当奴隶，以换取国民的人身安全。郑襄公投降归投降，一番话说得还是蛮悲壮的。他对楚庄王说：我既不能承奉天意，又不能事奉君王，引起你的愤怒，还牵连到百姓国家，这都是我的罪过，但愿只惩罚我。楚庄王认为郑襄公还是个有担当的人，能为百姓着想，就答应了他的请求，与郑国签订了盟约，将其纳入自己的阵营。

发生在“肉袒牵羊”之前的几个月，郑襄公上演了一场“以泪退敌”的八卦。那个年代的郑国真的活得很累，北边是春秋一霸——晋，南边是强国——楚，两强都想拉郑国站在自己一边，郑夹在两强之间上下为难，帮衬晋则楚不得北上，交好楚则晋不得南下，整天提心吊胆。就这样还隔三差五地被两国轮番攻打。公元前 608 年至公元前 606 年短短三年间，晋竟然四次伐郑。然后至公元前 598 年的八年间，郑国又被楚军攻打了七次。

《左传·宣公十二年》：“十二年春，楚子围郑。旬有七日，郑人卜行成，不吉。卜临于大（太）宫，且巷出车，吉。国人大临，守陴（pí，城上女墙）者皆哭。楚子退师，郑人修城，进复围之，三月克之。”

郑襄公光膀子“肉袒牵羊”的几个月前，郑国被楚包围了十多天，战略物资即将消耗殆尽，除了紧闭城门别无他法。大家就去算命占卜，看天意如何。结果，命算下来不吉利；又占卜问战，也不吉利。怎么办？没办法，大家只能哭！高官贵族在太庙哭，守城将士在城头哭，百姓在大街小巷哭，直哭得天昏地暗、惊天动地。哭声传到楚庄王耳朵里，竟下令退了兵。看官，请不要以为是楚庄王发了善心，而是楚军以为郑国内部发生了重大变故，或是死了什么大人物，觉得乘人之危不人道，“非君子所为”，所以就暂且放郑国一马。谁知，楚军这里刚撤兵，郑国那边就抓紧时机整修城墙准备再抵挡一阵。楚庄王一看，原来如此，你小子，竟然敢耍我！于是，挥师北向，再度伐郑。三个月后郑国城陷。然后郑伯“肉袒牵羊”，楚郑签订“和平友好条约”，郑“加盟”楚阵营。

按照东方文化的概念，虽然“肉袒牵羊”是在强敌面前，打又打他不过，求和独立也不可能的情况下被胁迫的无奈之举，却终究是丧失了国格和人格，丧失了气节与尊严，令人轻蔑和不齿，自古以来就是“叛徒”“投降”的同义词。而勇敢拼杀，“宁死不屈”的战士才是人们世代景仰的英雄。所以，在生死关头的抉择往往就在这一念之间，而正是这“一念”体现了人的“三观”和底线，因此，“慎独”在人生的修炼中显得尤为重要。

若烹小鲜

——一不小心，厨子做成了宰相

烹鲜：比喻治国之道，也比喻治民的才能。语出《老子》：“治大国，若烹小鲜。”王弼注：“不扰也。”河上公注：“鲜，鱼。烹小鱼，不去肠，不去鳞，不敢挠，恐其糜也。”（《辞海》）

鲜：活鱼。《韩非子·解老》：“烹小鲜而数挠之，则贼其泽；治大国而数变法，则民苦之。”意思是煮小鱼不宜多加搅动，多搅动容易煮烂。指治理国家应当像煮小鱼一样顺其自然，无为而治。（《新华成语词典》第2版）

可是老子并不是厨师，他怎么会有如此精妙的烹饪理论和比喻的呢？我猜想老子一定借鉴了有“厨神”之称的伊尹的实践和理论。《吕氏春秋·十四·本味》就阐述了伊尹的“两论”（五味调和论、火候论）思想，成为我国第一部指导烹饪的专著。

历史上被冠以“厨神”的有好几位，如尧帝时期的彭祖、春秋时期齐桓公的近臣和厨师易牙、隋文帝时的御用厨师詹王等，但排第一位的恐怕当数伊尹无疑。

伊尹，名伊，尹是官名；一说名挚。商初大臣，传说奴隶出身，原为有莘氏女的陪嫁之臣，汤用为“小臣”，后来任以国政。帮助汤攻灭夏桀。汤去世后，历佐卜丙（即外丙）、仲壬二王。仲壬死后，其侄太甲当立，他篡位自立，放逐太里。七年后，太甲潜回，把他杀死。

一说仲壬死后，由太甲即位，因太甲破坏商汤法制，不理国政，被他放逐，三年后太甲悔过，又接回复位。死于沃丁时。（《辞海》）

传说伊尹称得上是当时的“万宝全书不缺角”，集政治家、思想家、军事家、教育家、医师、巫师，已知最早的道家（也可以称之为哲学家）于一身，还精通歌舞音律（音乐舞蹈家）。特别要指出的是，他众多头衔皆发端于他精湛的厨艺以及厨子理论。

因为距今已经三四千年，关于伊尹留下的史料不多，但是我们还是可以从甲骨文、《尚书》《孟子》《吕氏春秋》《史记》等有关记载和传说中勾勒出（戏说）伊尹极不平凡的人生百年。

奴隶社会的夏朝末年，伊尹出生在今河南开封杞县葛岗乡西空桑树村，因其母亲居伊水（今洛阳伊河）之上，故姓伊。他的名字很有意思，一般来说，奴隶是没有名字的，即便有，叫个阿猫阿狗就不错了。伊尹却既有奴隶厨子养父给起的大名“挚”（意为用手提着、带、领），又有有莘国（古国名，今山东省曹县西北，公元前770年周平王迁都洛阳后，废有莘国，将其并入晋国，称“莘地”“梁”或“羁马”）君的赐名“阿衡”，更享有因位居高官、治国有方而载入史册的专有名“尹”（《史记·殷本纪》皇甫谧注：“尹，正也，谓汤使之正天下。”也就是以身作则，做楷模，大家学习的榜样。《说文》里“尹”也作“治”解，有管理、整理、治疗等意思。“尹”还是官位名称，相当于宰相）。因为他的威望，老百姓都习惯称他伊尹。

伊尹出生不久，因不可考的原因被生母置于一棵空心桑树中，恰巧被有莘族奴隶采桑女发现，抱回后报告了有莘国首领，首领赐名阿衡，并令御用奴隶庖人抚养，厨子养父为其取名“挚”（“挚”：亲密、诚恳的意思。奴隶庖人养父本身并不识字，奇怪的是居然起了个如此有深意的名字）。他的养父带着他躬耕田野、畜养家禽、织网围猎，手把手教他屠宰烹饪。据说伊尹还到“馆子”里去实习过一段时间，厨艺提高的同时也增进了对社会的了解和人们对餐饮口味的需求。伊尹是个悟性极高的人，他把大量的实践经验总结为理论：烹饪的核心是“火候论”，烹饪的关键是“五味调和论”，烹饪的基本要求是处理好食材的搭配、菜肴的“色香味形”同保健的关系。第一次把“大的切小，生的煮熟”的满足人的生存需求上升到满足人的视、听、闻、嗅、品感官享受乃至精神享受的高度。因为为奴隶主、君王服务，在上流社会的耳濡目染使伊尹对“格物、致知、诚意、正心、修身、齐家、治国、平天下”（尽管那时还没有这套理论，实际内容的雏形却差不多）甚感兴趣，结合自己的观察和社会实践，渐渐在同主人的沟通中形成了自己的理论体系并表现出卓越的口才。因而伊尹在担任有莘族国王御用厨师的同时，还担任了其女的家庭教师，这是史上第一个见于甲骨文记载的“教师”（《墨子·尚贤》：“伊尹为有莘氏女师仆。”），伊尹因主副业（厨师和教师）出类拔萃而声名远扬，一时成了诸多王公贵族争相邀请的“明星”，能请到他出场成了炫耀的资本。商族首领成汤仰慕其才华，几次三番重金邀聘不得。不得已，成汤采取娶有莘氏女为妃、自己作为有莘氏女婿的办法，让伊尹作为陪嫁奴隶兼陪嫁教师一起来到了商，这才实现了愿望。伊尹其实也早有心为成汤效力，因为有莘国太小，只有商族才能实现他远大的抱负。陪嫁到商族后，他边做饭边家教，成汤不仅饱口福遍尝美味佳肴，还饱眼福看他的厨艺，同时也饱耳福听他纵横捭阖，成天跟着伊尹在厨房里转。伊尹为成汤分析了天下大势，用烹饪理论诠释治国之道，成汤听得如醉如痴，对伊尹的建议言听计从。在伊尹的谋划下，不久成汤就推翻了夏朝，伊尹因此被任命为“尹”（相当于宰相）。在伊尹的辅佐下，商族迅速崛起，建立了商朝，开创了550年基业。伊尹前后50余年共辅佐了四代君王，可谓史上绝无仅有。伊尹用自己的“‘若烹小鲜’理论”践行大国之治，业绩可圈可点，还著有《伊训》《肆命》《徂后》（相当于领导干部行为守则）等诰文，波澜壮阔的百岁人生令后人钦佩有加。伟大领袖在《毛泽东早期文稿》中说：“伊尹之道德、学问、经济事功俱全，可法。生于专制时代，其心实大公也。”什么叫“可法”？就是可以学习他，提倡向他学习！

一个奴隶出身的庖丁，充其量也就是个有见识、菜做得可口的厨子，怎么就成了青史留名的第一名相？是谁教的他？他的学问又为什么如此渊博和精深？值得深思。

在学校学习时，老师教导我们说，一个人的成长离不开这四条：第一是组织培养，第二是领导关心，第三是群众支持，第四是个人努力。后来闲谈中有人说，个人成长离不开四个人：第一是贵人相助，第二是高人指点，第三是小人监督，第四是个人努力。老师的教诲和朋友们的概括中都有“个人努力”这一条，看来应该是特别重要的了。伊尹大概就是把个人努力看得特别重要的那个人，否则只能说他绝对是无师自通的天才。

在我看来，伊尹这位旷世奇才是多种因素恰巧凑在一起而造就的，特别是因为他有“四个与众不同”：首先，有与众不同的成长起点。虽是一个连父母都不知为何人的奴隶，被遗弃后恰巧被送到了有莘国首领身边，首领看他长得蛮可爱，又指定专人抚养他，厨子义父对领导交办的任务又特别上心，所以伊尹不仅活了下来，而且还活得很健康。其次，有与众不同的成长环境。可以说伊尹的一生基本上衣食无忧，而且过得比一般的人都要滋润，更加令人羡慕的是，他有太多一般人没有的接触高层领导的机会，使他的眼界、胸怀、谈吐都超越了常人。再次，有与众不同的食材，也就是吃得好。据研究，一般来说，一个人的营养程度同他的智商高低、生命长短成正比。人说“佐雍得尝”，何况伊尹不仅有一位精于做菜的养父，本身就是一位技艺超过其养父的御用厨师，得天独厚的工作岗位为他创造了“食不厌精”的条件，他知道吃什么、什么时候吃、怎么吃，活到100岁就是明证。最后，有与众不同的勤奋和努力。从仅存的史料得知，在当时的文化科技条件下，几乎没有伊尹不知道的知识，所以他就有了敢于把第四任国王太甲关三年“禁闭”的底气。更为难能可贵的是，从君王到臣民都还众口一词地拥护他、称赞他。难怪毛泽东在1913年他的《讲堂录》里写道：“伊尹之道德、学问、经济事功俱全，可法。生于专制时代，其心实大公也。尹识力大，气势雄，故能执破五六百年君臣之义，首倡革命。”

我分管机关膳食工作时，曾对他们经理、部长、科长等同志说，既然天底下头等大事是吃饭，那么操办这个头等大事的“厨子”便是天下第一等职业了。炊事员同志们，可不能小瞧了你们自己噢！

山鸡照影

——被误解的雉鸡

山鸡照影：南朝宋刘敬叔《异苑》卷三："山鸡爱其羽毛，映水则舞。魏武时，南方献之，帝欲其鸣舞而无由。公子仓舒令置大镜其前，鸡鉴形而舞不知止，遂乏死。"后用"山鸡照影"比喻顾影自怜，自我欣赏。（《新华成语词典》第2版）

类似或相近的成语有"孤芳自赏""自醉其中""自命清高"等。

刘敬叔是刘宋时代的彭城人。他的《异苑》是一本志怪小说集，十卷。记述自先秦迄刘宋的怪异之事，尤以晋代为多。收罗的古今怪异之事三百八十三则。上起晋文公、秦始皇，下迄南朝开国皇帝刘裕及同时起兵的刘毅等，所记之事天文地理、社交人文、自然风俗无所不包。

苍舒即曹操之子曹冲，苍舒是他的字。留有"曹冲称象"故事。

"山鸡照影"说的是三国时期，关于曹操父子的一则成语故事。

曹操在铜雀台打猎时，南方吴国的孙权送来一只山鸡。曹操听说此鸡善舞，就召来宫廷乐工吹拉弹唱，为山鸡配乐伴舞，山鸡却并不领情，既不鸣叫也不起舞；曹丞相又给它喂美食，山鸡还是无动于衷。种种手段用尽都没有效果，山鸡反而被折腾得萎靡不振。曹操气恼不已，非常扫兴，众人也都束手无策。有人灵机一动，建议把曹冲请来，因为他天资聪颖，也许有办法让山鸡跳舞。曹冲来了后，令人取来一面大铜镜放到山鸡面前。山鸡看到镜子里映出一只山鸡，立刻连连鸣叫，张开翅膀跳起舞来，并且一刻不停地跳，越跳越激烈，最后“不知止，遂乏死”，竟然累死了。后来，人们就把类似山鸡这种顾影自怜、孤芳自赏、自醉其中的人和事比喻为“山鸡起舞”“山鸡舞镜”，含贬义，意喻傻瓜，有嘲笑、讥讽之意。

山鸡属鸟类，鸟类又分很多种，其中会跳舞的鸟也不少，比如天堂鸟、蓝脚鲣鸟、大眼斑雉、盔娇鹟等，即使是山鸡本身也还有不同的品种，山鸡是许多会跳舞的鸟当中的一种，不同的是山鸡比它们都漂亮，舞也跳得要好些。山鸡体形小于家鸡，尾巴很长。山鸡天生丽质，羽毛五颜六色，在阳光下熠熠生辉，鲜艳夺目，被人视为高雅贵重的礼品，其羽毛可做装饰品。山鸡有个特点，只要在水边见到自己的映像就会情不自禁地跳舞。

其实，人们都误解山鸡了，山鸡起舞并不是它喜爱自己的羽毛，孤芳自赏，而是它在自卫反抗。它在水中或镜中看到自己的倒影以为是来争宠或争地盘的另一只山鸡，于是马上就跳起舞来（动起武来），它的这种行为是其生理的本能反应（西方科学家研究认为，目前仅有个别大猩猩能意识到镜子里的具象是其自身，其他动物尚不具备这种认知能力）。鸟类不仅会跳舞还会唱歌，它们唱歌是各种鸟语不同意思的表达，有的是鸟与鸟之间的交流，有的是警告或是恐吓。同样，鸟的起舞属于鸟的肢体语言，表达着不同的意思，有的是向雌鸟表示爱意，有的是宣称领地归属，有的是“比武”（斗舞）争夺交配权或地域主权。据鸟类研究者探知，鸟类有很强的地域守护性，对贸然出现在其领地的其他鸟类、动物会主动采取攻击行为。鸟类的攻击行为大致分两类，一类是用喙和爪子直接攻击，还有一类则是跳舞，展开间接攻击，而且这种行为往往不知疲倦和不计后果。如鸟的扇翅具有威慑的意图；竖顶毛是害怕、紧张和争斗时应激反应，等等。

“山鸡照影”实际上就是山鸡这种习性的反映，只是人类并不了解，还自以为是地以为山鸡是个傻瓜，其实还真不知到底是谁傻。很多时候，你看到的现象仅仅只是现象而不是真相，你以为的也并非就是你以为的。

你不觉得山鸡的战斗精神可敬可叹吗！为了生存，为了领地，为了荣誉，一往无前，不管输赢，也无论生死，只管舞，舞到倒地不起，力竭而亡。

水性杨花

——泸沽湖里的水中奇葩

水性杨花：亦作“杨花水性”。水性流动，杨花轻飘，在旧小说戏曲中用来比喻女子用情不专一。《小孙屠》戏文：“你休得强惺惺，杨花水性无凭准。”（《辞海》）

至于为什么用“水性杨花”比喻女子用情不专一，《辞海》没有说。

传说北魏灵太后胡氏，晚年风流成性，男宠（又称面首、专用男妓）众多，尤以一个名叫杨白花的侍卫最为受宠。可是杨白花却还有些廉耻之心，担心因此生祸，不久就带领部下投降了南方的梁朝。胡太后不仅没有责怪小杨情郎，反而思恋日盛，还专门填词一首《杨白花歌辞》表达自己的感情。辞曰：“阳春二三月，杨柳齐作花。春风一夜入闺闼，杨花飘荡落南家。含情出户脚无力，拾得杨花泪沾臆。春去秋来双燕子，愿衔杨花入窠里。”还让宫女在宫里边舞边唱，歌词委婉凄凉，令胡太后伤感不已。后来秀容人尔朱容（尔朱，复姓）政变，胡灵太后和小皇帝被沉尸黄河。后人谈及此事，遂以放荡溺毙水中的胡灵太后思恋杨白花合称为“水性杨花”。

被坊间指责为一代妖后的太后名叫胡充华，据说她出生时家中有异象，小时候就十分机敏，善伺人意，行止乖巧，稍长一颦一笑、举手投足自成风韵，连女人见了都会情不自禁地喜欢她。入宫后顶着“诞子母死”的北方皇家陋习，冒死产下皇子而受赞赏，在宫斗中占得先机，为自己博得不可撼动的地位和后来临朝的机遇。曾遭遇政变被幽禁，小皇帝儿子成了傀儡。逆境中的胡灵太后不抛弃不放弃，凭借手腕复出，再度摄政。胡灵太后不同于一般的北方女子，不仅武艺高强，尤其喜好骑射，还喜欢登山，且善于诗文，美貌多情，自由浪漫，英姿飒爽人见人爱。她临朝听政13年，初期颇有建树，后来把崇佛、淫乐作为主业，把治国视作副业而使人民怨声载道。年近四十的胡太后（彼时人均寿命也就三四十岁）已经是“全老徐娘”，她每天的主要工作除了拜佛就是三件事，一是化浓妆、换时装，尽量把自己打扮得妖娆艳丽；二是四处招摇，吸人眼球，博得回头率；三是找男宠，甚至派宦官看守她的男宠，不许男宠回家和自己的老婆说话，更不许亲热，整个一“欺女霸男”的女强人。杨白花（又名杨华）史书上是有记载的，《梁书·杨华传》：“华少有勇力，容貌伟岸，魏胡太后逼通之，华惧及祸，乃率部曲来降。胡太后追思不已，为作《杨白花歌辞》，使宫人昼夜连臂踏足歌之，辞甚凄婉焉。华后累征伐，有战功，历官太仆卿，太子左卫率，封益阳县侯。”杨白花是名将之后，在宫廷任侍卫官，被胡太后看中后并没有觉得荣幸，不得已在太后的淫威下只能就范。杨白花害怕哪天胡太后不高兴了或者有更帅的“后起之秀”来争宠，自己的结果会很惨，就带着部下（充作资本）投奔了南方的梁朝，为梁朝打了一些仗，立了一些功，结局还不错。

其实在自然界除了杨柳还真有俗称水性杨花的这种植物。水性杨花又名波叶海菜花，是一种水生植物，曾经分布于广东、海南、广西、四川、云南、贵州等地，因对生长环境尤其对水质要求苛刻，稍有污染便会死亡，被称为“环保菜”，属珍稀濒危水生药用植物，国家三级重点保护植物，现仅泸沽湖有发现。我在网上看照片，这种花像大号的水仙花，洁白如玉的花瓣略带透明，黄色的花蕊沾着清澈的水珠，娇艳可人，顺着缓缓流动的湖水，扭动着身躯，仿佛跳舞一般，婀娜多姿，很漂亮。

上善若水

——岂止是修行的要求

上善若水：《老子·八章》：“上善若水。水善利万物而不争……”这是道家主张的与世无争的思想，意为具有最完美道德的人跟水一样，造福于万物却不与万物相争。后也用来赞美人的无私奉献和宽厚、包容、谦卑的高尚品德。（《新华成语词典》第 2 版）

孔子曰：“水有九德，是故君子临水必观。”他与老子在黄河边上讨论水的品性及为人处世时，经老子一番点拨后大悟道：“先生此言，使我顿开茅塞也。众人处上，水独处下；众人处易，水独处险；众人处洁，水独处秽。所处尽人之所恶，夫谁与之争乎？此所以为上善也（这就是最大的好，最好的好啊）。”

成语不仅仅只是寓言故事文字的提炼，往往都有所比喻，有所寄托，“上善若水”也不例外。

从表面上看这个成语是讲个人修养：水，能随温度变化而变化为不同的形态，如液态、气态、固态；水，从高处流往低处，无色无味，无形而百态，随遇而安，随势而变进而从涓涓细流一往无前，百折不挠汇成汹涌澎湃的江河湖海。人要用水的九德要求自己，像水一样达到人生修炼的完美境界。那么，为什么不称“修炼若水”或者“向善若水”呢？

在我看来，这个成语除了讲个人修养外，还有另一层重要的警示意义——

上：指为政者、上级，领导。

上善：有两层含义，一是指好的上级、好的领导、好的领导集体。二是指好的路线、方针、政策和好的各项执政具体措施的层次。

好的领导和好的政策措施又分为三等，也就是善可分为上善、中善、小善。

上善：执政者出台的政策措施像水一样“润物细无声”，一切为民着想，及时顺应民意，办事不扰民，真正为民造福而不争功名利禄。用今天的话来说，就是不忘初心、牢记使命，真正把人民的利益放在高于一切的地位，主动积极地践行“一切以民为本”，全心全意为人民服务。

中善：执政者水平、能力一般，能按照上级指示办，做好本职工作，认真贯彻好上级精神。

小善：出发点是为了自己，在利己的同时客观上也为他人做了好事。

简而言之，“上善若水”就是最好的好（最优的善）像水一样，润物细无声；“上善若水”既是勉励自己修身积善，又是警示为政者向善行善，愿我们的人民公仆都能真心“大美无言、大爱无疆”，则庶几“上善若水”矣！

司空见惯

——口是心非的“悯农诗人”李绅

“锄禾日当午，汗滴禾下土……”这是女儿小时候都能背得滚瓜烂熟的一首《悯农》诗。可问她作者是谁，她却不晓得。说实话，我当时也不晓得，这是注意力在诗不在作者的缘故。

司空：官名。西周始置，金文都作司工。春秋、战国沿置。掌管工程。宋国因武公名司空，遂改司空为司城。西汉成帝时改御史大夫为大司空。（《辞海》）

可见司空是个权力和权利都很大的肥缺。到了隋唐时，司空为三公之一，但仅作为荣誉性的虚衔。唐代以后泛指高官为司空，犹如我们今天称呼比自己官大的人或者上级单位来人为领导一样。

唐代孟棨《本事诗·情感》云：“刘尚书禹锡罢和州，为主客郎中，集贤学士。李司空罢镇在京，慕刘名，尝邀至第中，厚设饮馔。酒酣，命妙妓歌以送之。刘于席上赋诗，曰：‘……司空见惯浑闲事，断尽江南刺史肠。’”后以“司空见惯”称事之常见者。（《辞海》）

唐朝诗人刘禹锡被贬和州（今安徽和县）刺史后，名气依然很盛，常和名士们在一起“唠嗑”。当时的京官李绅慕名邀请他赴家宴，席间多位歌伎又是伴歌伴舞又是劝酒，令刘禹锡感慨万千，遂作诗一首，留下成语“司空见惯”。

这是个京城大官司空请吃吃出来的成语，本身并不深奥，读起来朗朗上口，只是这请吃的中央高官李绅值得多说几句。

李绅（772—846），字公垂，无锡（今属江苏）人。元和进士，曾因触怒权贵下狱。武宗时拜相，出为淮南节度使。与元稹、白居易交游很密，为新乐府运动的参与者。作有《乐府新题》二十首，已失传。《全唐诗》录其《追昔游诗》三卷，《杂诗》一卷。其中《悯农》诗二首，较有名。另有《莺莺歌》，犹保存在《西厢记诸宫调》中。（《辞海》）

据记载，李绅既是“官二代”又是“富二代”，书香满门。他的爷爷当过武则天的中书令，爸爸当过几个地方的县令，在李绅六岁时英年早逝，使李绅早早就体会到了人间冷暖和世态炎凉，为他后来创作《悯农》诗打下了情感基础。俗话说“瘦死的骆驼比马大”，也因为李绅有个好妈妈，在她的操持下，李绅的学业并未受家庭变故的影响，发愤用功被塑造成了典型的“别人家的孩子”。李绅早年当过幕僚，下过大狱，入仕后卷入“牛李朋党之争”，被贬过也飞黄腾达过，命运多舛，甚至死后都不得安宁。李绅死后第二年，唐宣宗为曾因李绅迫害而起的“吴湘冤案”平反，李绅受到“削绅三官、子孙不得仕”的惩罚（也就是官阶和政治待遇连降三级，剥夺子孙公务员考试资格）。

人们都说“文如其人”，诗文写得好做人不会差，其实未必。实际上，李绅于同一时间、同一地点写有三首《悯农》诗，这三首诗充满着对劳动人民的同情，反映现实，针砭时弊，表达了迫切希望改善民生的强烈愿望。

《悯农》诗一：“锄禾日当午，汗滴禾下土。谁知盘中餐，粒粒皆辛苦。”

《悯农》诗二：“春种一粒粟，秋收万颗子。四海无闲田，农夫犹饿死。”

这两首诗确实比较有名，一经问世即脍炙人口，千古传诵，是幼儿园小朋友都会背的启蒙诗，也为他换来了诗名“誉满天下”。

《悯农》诗三：“垄上扶犁儿，手种腹长饥。窗下织梭女，手织身无衣。我愿燕赵姝，化为嫫女姿。一笑不值钱，自然家国肥。”是李绅应李逢吉之请而作，又因一度被作为反诗而未见流传，据说是告密者李逢吉呈给了皇上，可后来却不知去向，直到近代才在敦煌莫高窟的唐人诗卷中被发现。

那是李绅在亳州巧遇回京的同榜进士、文坛诗友、浙东节度使李逢吉，就一起登上城东观稼台赏景。看着看着，怀着不同心境的两人，一时诗兴大发，“如鲠在喉，不吐不快”。李逢吉作了一首盼望升官如登观稼台的诗，而李绅后作的诗则是感慨在烈日下劳作的穷苦百姓的艰难。李逢吉听了连声叫好，让李绅再作一首送给自己，于是就有了李绅的第三首《悯农》诗。李逢吉回京后立刻向皇上举报，说李绅的诗有反意，并出示此诗为证，想以此作为自己晋升的“观稼台阶梯”。好在武宗皇帝比较大度，在诗中看到了自己执政的弊端，也看到了人民的苦难，便想做些改进。他就召见了李绅，李绅也因此“因祸得福”被提拔为尚书右仆射。

然而，令人费解的是，作者李绅的知名度却远远不及他的诗作。原因大概有两个：一、唐朝那个年代的文学大家实在太多，虽说李绅的文学造诣世人公认，但与白居易、元稹、韩愈、贾岛、刘禹锡、李贺等人相比，个个名头都不在他之下（我以为从诗的质量和数量来看，他也确实排不到前几位，尽管他有《悯农》诗）。二、虽然李绅的官衔是这帮文人中最为显赫的，但坊间对他的负面传闻，使人懒得提他的名字。如说他每餐必食“鸡舌汤”，据说此菜须宰活鸡 300 只，导致他家后院弃鸡堆积如山。我觉得似乎很夸张。首先，以一天两盘鸡舌需 600 只鸡计，一年共需鸡 219000 只，且不考虑收购渠道，仅支出一项就很惊人，即使按 10 元 / 只计，一年费用就达 219 万；其次，堆积如山的弃鸡如何处置也是个难题，送人、加工出售、掩埋、焚化？否则环保问题一定令人困扰。所谓“鸡舌汤”菜品是清朝才流行的一道菜。明末清初小说家褚人获（《隋唐演义》作者）在他的笔记小说《坚瓠集》（瓠，hù，葫芦的变种，瓠瓜）中，以鸡舌汤的奢侈来抹黑北宋初期宰相吕蒙正。后来这个段子被多人引用，黑过许多人，李绅只是其中被黑者之一，也不知黑李绅的人是谁。

另外，“鸡舌汤”很可能与一种香料的名称相混淆，自然界有一种香料叫“鸡舌”又称丁香母，嚼之满口生香，能掩口臭，作用类似口香糖。据说是当时官场上有些官员赶时髦，上朝、交谈口中必含之物。不信，有《辞海》为证：

鸡舌：1. 植物名。详“丁香”。2. 香名。

权德舆《太原郑尚书远寄新诗，走笔酬赠，因代书贺》诗：“芬芳鸡舌向南宫，伏奏丹墀迹又同。”应劭《汉官仪》：“尚书郎含鸡舌香伏奏事。”

传闻还说，李绅当官后“渐次豪奢”，发迹后更是薄情寡义，人品、官德令人不齿。不仅不关心百姓，自己私生活却骄奢淫逸，妻妾成群，家中蓄有的歌舞伎数量创京城之最。对人前恭后倨，飞扬跋扈。晚年的李绅为巴结李党老大，利用自己的权力对李德裕的世仇实施报复，手段毒辣，草菅“官”命，一手制造了“吴湘冤案”。

读李绅的《悯农》诗，人们看到的是一个对人民充满同情和悲悯，对当局充满愤慨的极富正能量的好官；没有看到的却是后来另一个奢侈、跋扈的他。可见，“不忘初心”自古以来就是个极其重要的命题，尽管李绅为官之初也做过一些好事，受到过人们夸赞，但是，试问哪一个“大老虎”“小苍蝇”哪怕是装门面抑或是真心实意没有做过一些好事呢？

要想真正了解一个人，不仅要听其言，还要观其行，千万不要被其名头所惑。

漱石枕流

——只要够牛，不通也通

漱石枕（zhěn）流：以石为枕，用流水漱口。形容隐居山林的生活。（《中国成语大辞典》）

《世说新语·排调》记载，“孙子荆年少时，欲隐；语王武子‘当枕石漱流’，误曰‘漱石枕流’。王曰：‘流可枕，石可漱乎？’孙曰：‘所以枕流，欲洗其耳；所以漱石，欲砺其齿。’”后以“漱石枕流”或“漱流枕石”指士大夫的隐居生活。

显然，“漱石枕流” 这个成语于情于理都是说不通的。事实上晋代以前是没有“漱石枕流”这个成语的，只有“枕石漱流”。三国时曹操的《秋胡行二首》之一：“遨游八极，枕石漱流饮泉。”《三国志·蜀志·刘彭廖李刘魏杨传》：“伏见处士绵竹秦宓，膺山甫之德，履隽生之直，枕石漱流，吟咏缊袍，偃息于仁义之途，恬淡于浩然之域，高概节行，守真不阿，虽古人潜遁，蔑以加旃。”都有这个成语，意思是隐居山林，困了把石头当作枕头，醒来用泉水、溪流的水来漱口。过极简的生活，追求极大的志向。

可是，用得好好的“枕石漱流”怎么就变成 “漱石枕流” 了呢？话要从晋代的一个很牛的文人孙楚说起。

《晋书·孙楚传》说，孙楚是太原中都（今山西平遥）人，他爷爷是曹魏骠骑将军孙资，父亲是南阳太守孙宏。孙楚出身官宦人家，读书又好，也很有才气，自然就清高、傲慢得很，人际关系也就差了些。所谓情商不高，史称“才藻卓绝，爽迈不群”。因此孙楚直到40多岁才谋得官位。晋惠帝初，将近70岁的孙楚被任命为冯翊（冯翊是古地名，相当于今陕西韩城和渭河以北地区）太守，73岁死于任上。虽仕途坎坷，却素以直言著称。《世说新语》里说：孙楚年轻时很羡慕古人的清心寡欲，想到大山里去过隐居生活，就把这个想法告诉了他的好友王济。说话时一时口误将“枕石漱流”说成了“漱石枕流”，把原来以石为枕，以清流漱口错成以石头漱口，以流水当枕头了。因为是好友之间，王济就直接问道：流水怎么做枕头，石头又怎么来漱口？可是孙某是个十分固执的人，死活不肯承认自己的口误，强词夺理说，用石头漱口是为了磨利牙齿，以水流为枕是清洗耳朵。王济听了也只能一笑了之。自此，“漱石枕流”成了一个成语，被用来形容某人固执、直率、倔强、不服输和不认错的脾气。

可见，一个人只要有才华、有足够分量的地位，讲错话写错字都没有关系，甚至可以成为流传千古的佳话。如康熙的“避暑山庄”匾，“避”字右边的辛下部多一横，明明是笔误，可是谁也不敢纠正，只能将错就错吧。

此外，有些书法家为追求艺术效果、刻意营造寓意、故意写错字的也不在少数。我在山东曲阜听导游讲过一个故事，最为叫绝。说孔府大门两侧的楹联“与国咸休安富尊荣公府第，同天并老文章道德圣人家”是清代大才子纪昀所书，上联中的“富”字宝盖头没有点，下联中的“章”字下面的一横一竖贯通到上面，寓意：“富”不出头，富贵无头；文“章”通天。传言纪晓岚几次书写到“章”这个字时总觉不顺手，怎么看都别扭，因此寝食不安。晚上睡梦中有一老者在他的“章”字上画了一笔，贯“日”而出，顿时遂了纪昀的心愿。第二天，纪晓岚依样画葫芦，大笔一挥，果然“文章通天”，虽说这是个错字，却实在错得妙不可言。

假如你的才华和地位分量都不够却又说错话、写错字，在民间也许顶多有些尴尬，而在官场特别是在庙堂那后果可就很严重了。据说，乾隆皇帝有一次郊游，随口问陵道旁的石人叫什么？某翰林为表现自己，脱口而出：仲翁。未料想不但没有得到皇上表扬，却反而葬送了自己的大好前程。石人称翁仲，仲翁却是二大爷（仲：排行第二；翁：老头、父亲）的意思。显然此翰林回答错误，皇上动怒，回銮后就将其逐出翰林院贬为江南通判，并作了一首打油诗给他，诗的每一句后面都故意写反加以挖苦：“翁仲缘何作仲翁？十年窗下欠夫工。从今不许房书走，去到江南作判通。”

因此，说错话、写错字、生造词语也是需要有资格的。

恫瘝在抱

——父母官的《为官守则》

恫：恫有两个读音，一读 tōng，通痛；一读 dòng，恐惧。此处读 tōng，悲痛、伤心、忧伤的意思。

瘝：病，痛苦。

恫瘝：亦作“恫矜”。《书·周书·康诰》：“恫瘝乃身。”蔡沈集传：“恫，痛；瘝，病也。视民之不安，如疾痛在乃身。”封建时代帝王常用以表示对民间疾苦的关怀。如：恫瘝在抱。《后汉书·和帝纪》：“朕寤寐恫矜，思弭忧衅。”（《辞海》）

“恫瘝在抱”：像病痛在你身上一样。指把百姓的疾苦放在心上。（《新华成语词典》第 2 版）

这段话实际上已经对“恫瘝在抱”解释得很清楚了，用今天一个使用比较频繁的词语来表达，就是“感同身受”。意思是把人民的忧伤、病痛看成自己的忧伤、病痛，把百姓的民生、疾苦放在心上。

《书·周书·康诰》是《尚书》中的一篇，是西周时周成王分封康叔为殷商旧地最高长官时，发布的文告，其中说：“王曰：呜呼！小子封，恫瘝乃身，敬哉！”一并颁发的还有《酒诰》《梓材》等文告，主张父母官应明德宽刑，善待百姓，妥善安置殷商遗民，要勤政廉洁，重视人才。也可以将此视作公务员的《执政守则》，或者当作官员的《治国法则》。

康叔：周代卫国的始祖。名封。（周文王第九子）周武王弟。初封于康（今河南禹州市西北），故称康叔。周公攻灭武庚后，（以周成王名义）把殷民七族和商故都周围地区封给他，国号卫。成王还命他为周的司寇。《书·康诰》即周成王分封他时周公告诫他的文告。（《辞海》）

据说，周公为帮助弟弟康叔树立威信，利用举行新建都城的奠基仪式的机会，召开社会各界参加的盛大集会。在这个大会上，周公发表了这则训词文告。他说：今天啊，封受天子之命，担任卫国国君。封，你要关心、爱护臣民，把他们的疾苦、病痛当成自己的疾苦、病痛，采取措施，予以解决。这样，臣民才会敬佩你，服从你的管理。否则，上天会惩罚你！

康叔不负期望，上任后到处开展调研，视察社情、体察民情，然后推行一系列新政，如释放奴隶（解放生产力）、允许同姓通婚（增加人口）、废除活人殉葬（减少不必要的劳动力损失）、鼓励开垦私田（发展生产）、减轻税负（出台优惠政策）等，使卫国出现了政通人和、百业兴旺的局面，成为当时西周最为强大的诸侯国。正因为康叔干得不错，后来康叔卫封被调中央，担任司寇之职（掌管刑狱、诉讼和监察，等于公检法司安加监狱和监察一把抓）。

应该讲，那个时候的领导能提出“恫瘝在抱”的思想，是很有点儿“民生”意识的，也很超前，当然目的是为了巩固统治。封建社会的官员，常常把自己看成是百姓的父母官，而实际上却视百姓如同草芥。服务行业也说“顾客是上帝”，可事实上我们大多数人并不信上帝，都明白那不过是招徕生意的噱头，因此百姓就说了：你把我们当你亲戚就行。

我读小学时，有一次踢足球和别人相撞，当场跌倒在地，一条腿疼痛难忍。小伙伴出于关爱，忙不迭地把我拖起来，在腿上使劲揉，那个痛呀至今难忘。如果说，刚摔倒只是火辣辣地痛还能忍受的话，那被人拖起来揉就是钻心地痛而难以忍受了，当时的心里没有感激而只有愤恨。后来，我分管安全生产工作，听救护老师讲课才知道，发生爆炸、高空坠落等事故后，千万不能对伤者拖拽，因为容易造成二次伤害，这都是没有“恫瘝在抱”的缘故。

许多时候，民生问题并不是其本身有多难，而是“父母官”对百姓的情感有多深、有多真的问题。因此，因“恫瘝在抱”而出的相关政策一定受老百姓欢迎，能“恫瘝在抱”的领导也必定会得到百姓的爱戴和拥护。和这个成语相近的词有“感同身受”“设身处地”“共命运同呼吸”“荣辱与共”“肝胆相照”等，其实周公的思想觉悟还远没有这么高，“恫瘝在抱”只是手段和方法而已。

推陈出新

——韩信的储粮之道

推陈出新：去掉旧事物的糟粕，取其精华，以创造新的事物。也用作以陈句换新面目出现。戴延年《秋灯丛话·忠勇祠联》："高江村集句一联云'吴宫花草埋幽径，魏国山河半夕阳'，不特推陈出新，饶有别致，而公之义愤亦于是而稍释矣。"公，指关羽。（《辞海》）

《梁溪漫志·张文潜·粥记》引东坡帖："吴子野劝食白粥云：'能推陈致新，利膈益胃。'"张文潜的《粥记》认为：养生之要在于每天早起食粥一大碗，可以通气养胃，促进身体推陈出新（新陈代谢）。并且说苏东坡也赞同吴子野的观点。苏东坡的帖子是这样写的："夜坐饥甚，吴子野劝食白粥云：'能推陈致新，利膈益胃。僧家五更食粥，良有以也。'"意思是说：夜里读书坐久了感觉肚子特别饿，吴子野推荐喝白粥，说是能够促进体内循环，新陈代谢，有利于通气养胃，出家人夜里三点至五点钟喝粥的好处就在这里。

除了上述解释和出处，"推陈出新"的本义却与粮食仓储方法有关，而且是同韩信创造的工作方法有关。如"陈陈相因"中的陈：旧；因：沿袭。原指仓库里的陈粮一层压一层，逐年堆积起来（《新华成语词典》第2版）。1944年4月30日，毛泽东邀请续范亭等人小宴，饭后谈及粮食对战争的重要性，毛泽东说：韩信在登坛拜将前，还在汉中当过粮食部长。（《延安文艺运动纪盛》第505、506页）

两者是怎么扯上关系的呢？且听我慢慢道来。

韩信（？—前196），汉初诸侯王，淮阴（今江苏淮安市淮阴区）人。初属项羽，继归刘邦，被任为大将。楚汉战争时，刘邦采其策，攻占关中……击灭项羽于垓下（今安徽灵璧南）。汉朝建立，改封楚王。后有人告他谋反，降为淮阴侯……为吕后所杀。他善于将兵，自称“多多益善”，著有《兵法》三篇，今佚。（《辞海》）

韩信短短30多年人生居功至伟，据统计，与韩信有关的成语就有30多条。如一饭千金、胯下之辱、问路斩樵、匹夫之勇、妇人之仁、多多益善等。闲话少说，还是言归正传。

《史记·淮阴侯列传》记载：“信亡楚归汉，未得知名，为连敖。”“连敖”是战国时期楚国官名，秦汉时已贬值，实际上就是粮食保管员，韩信后来才升为治粟都尉。明甄伟《西汉演义》第三十七回告诉我们，“推陈出新”和韩信扯上关系的典故是这样的：

本来，抱着被重用的热切愿望，却被“拜为治粟都尉，上未之奇也”。就是刘邦给了个粮库小领导，并未觉得韩信有什么奇才。韩信失落归失落，还是走马上任了，到了粮库“估计粮数，取算子一把，照米堆多寡，开除一算，毫厘不差”，惊得老保管员不得不折服在地。韩信很快发现了粮库存在的问题：新粮陈粮混杂，极易变质，损耗很大；再加上“粮耗子”胡作非为，损失更是成倍增加。为改变现状，他提出“何为新收之数，何为旧管之数，何为开除（损耗）之数，何为实在之数，各有簿籍。较量斛出，出入有径，收放有法”。他还提出：“仓廒米粮，日久且朽，当出陈易新，以济民用，公私两便。”恐怕这是最早的“平战结合”“军民结合”的思想雏形。韩信将粮仓改设前后两扇门，实行先进先出的办法，前门只进新粮，后门只供调运陈粮出库，而且前后两扇门有利于空气流动，这样就避免了在蜀中炎热潮湿环境下粮食的发霉变质，一改以往新粮与陈粮混杂变质、造成浪费的现象，提高了粮食的食用率，节省了不少军费开支。经过保管理念整顿、环境整顿、设施整顿、规章制度整顿、操作方法整顿五个方面的整改，“半月之间，百姓称快，情愿争相交纳，再无稽迟留连之弊”“一月之间，仓廒充实，门禁肃清”，粮库面貌为之一新。杰出的人之所以杰出，是因为即使混日子，他也比别人混得有模样。

韩信的举措开了后勤保障史特别是粮食保管之先河，如今不论军队还是机关企事业单位的物资仓储，上至各大型超市、商场，下至小摊小贩乃至百姓居家过日子，都无师自通地奉行“推陈出新”“先进先出”这条基本原则。

我以为“推陈出新”这一举措有四个意义，或者称为 “四个性”：

第一，提供了战争物资——粮食常态化保障的可靠性。

新旧粮食混放极易造成霉变，而且多年陈粮又使得霉变的速度加快，万 有战事发生，计划的粮食供给和实际不符，或者将士们吃了变质的粮食，将严重制约实现战争目的和战略目标。“推陈出新”创立了新的仓储机制，从根本制度上杜绝了霉变发生的可能性（且不讨论制度的执行问题），以及粮食保障的可靠性。

第二，确保了最为重要的战略物资——粮食的安全性。

“推陈出新”采取先进先出的方法，使得进库的都是新粮，陈粮不断出库被及时消耗掉，避免了陈粮经年累月地存放转化为陈化粮，也避免了新粮陈粮混杂、变质陈粮污染新粮的问题发生。让每一粒粮食都安全地进入将士的口中，转化生成为消灭敌人的战斗力。

第三，突出了军粮仓储、供应的经济效益性。

他提出的“公私两便”，使粮库里杜绝了霉变和陈化粮的产生，减轻了百姓负担，优化了军粮的使用效率，是节约军费的有效举措之一，于国于君、于军于民都是一件大好事。

第四，创造了粮食仓储保管和调配出库的便利性。

粮食的入库和出库分门进出，新粮、旧粮各自归位于明确的仓位，各自的保管一目了然，进出行进路线不再交叉混乱，整个粮仓秩序井然。简单的一个储粮之道，从一个侧面反映了韩信这位军事天才的卓越才华。

可惜的是，刘邦太忙，无暇顾及韩信的表现，没能早点儿发现和提拔他，不仅如此，还差一点儿砍了韩信的脑袋。韩信志不在当一个治粟都尉，他想的是带兵，他要的是建功立业，他期盼的是名垂青史，于是他再次叛逃，再于是就有了萧何、夏侯婴擅自月下追韩信，。

因为时间太过久远，缺乏史料支撑，导致人们始终有个疑惑：韩信怎么那么有本事，他的本事是从哪里学来的？与他同朝为官的张良，不仅是名门之后，还有“圯桥授书”（圯，yí；圯桥，今江苏省徐州市古邳镇，又称邳桥，一千多年来，此桥数度重建）仙人指点。再者，如果说“若烹小鲜”中的主人翁伊尹的成才原因还可揣测的话，那么韩信的成才原因则无从查考。虽然据很不靠谱儿的说法是，韩信曾受教于四大兵家之一的尉缭子，但尉缭子其人史书难觅踪影。韩信从小极其贫困，常常去邻居、亭长家蹭饭，甚至靠河边洗衣的老大娘接济（有成语“一饭千金”）才得以苟活，母亲死了都无钱下葬，不可能受到系统的训练，是个“六无”（无钱、无势、无人脉、无文凭、无武功、无师父）

的穷小子、小混混儿。如果是自学成才，好像又没有时间。民间传说他姥爷是员外，韩信十三四岁时也曾给人放过一阵子牛，后来时常背着一把宝剑（似乎隐约暗示祖上曾经读过书、做过官）四处游荡，因此引发了“胯下之辱”。直到公元前209年陈胜吴广起义，二十出头的韩信携宝剑投奔项羽从了军。韩信给项羽当了两年多“警卫员”，转投刘邦后年纪轻轻登坛拜为大将军。那时的他，已经文韬武略、天文地理样样精通，实在想不明白，他是怎样做到的。现在一个硕士博士完成学业都差不多奔三十了，往往还一事无成；而韩信用了短短四年，终结楚汉战争，助刘邦一统天下。30多岁时虽不得势，但经过刘邦的连襟樊哙家门时，樊哙仍然深感受宠若惊，会情不自禁地行五体投地的大礼。客观地说一句，韩信同志此时根本没有必要冷笑着说什么“羞与樊哙为伍”之类的话。不过，在韩信看来他是有资格说这个话的。这一切他是怎么做到的，该不会真的是天才，是神仙下凡吧？

大凡有志者不以事小而不为，要做就做出新意来，要做就做到极致。韩信初时只是一个小小的粮库保管员，虽不得志，他却把粮库当作排兵布阵的战场，把粮食看作是多多益善的雄兵，为他日后叱咤风云做了牛刀小试的推演，为奠定一代“神帅”基础砌起了坚实的砖。

“推陈出新”之“陈”乃陈旧（化）粮之“陈”，“新”乃新粮之“新”。我以为，从这个成语典故的最初意义来看，好像叫“推陈储新”更妥。现在词典上的解释及人们日常使用的，是其比喻和引申义。

所以，千万不要小瞧了自己，小看了自己所从事的职业。只要你用心用力，说不定哪天你也就成了某一方面或某个领域的“领军人物”，这也不是没有可能。

唾壶击缺

——餐桌上的“痰盂”

唾壶：承唾之器。《世说新语·豪爽第十三》：“王处仲每酒后，辄咏‘老骥伏枥，志在千里；烈士暮年，壮心不已’。以如意打唾壶，壶口尽缺。”后人因以“击碎唾壶”作为激赏诗文之词。（《辞海》）

《汉语成语大辞典》的解释略有不同：后以“唾壶击缺”或“唾壶敲缺”形容心情忧愤或感情激昂。

我好像在一档《鉴宝》节目中听说，唾壶在民间还有个名字，叫渣斗、吐盂，旧时一种口小肚大的吐痰、承接唾弃之物的器皿。形状为喇叭口、宽沿、深腹、如尊。唾壶有陶质的，后来还有瓷质的，清乾隆年间一件渣斗为玻璃制作，高 8.7 厘米，口径 7.7 厘米，绿色透明，十分可爱，现藏于北京故宫博物院。一般唾壶壶口直径几厘米至 20 厘米不等，上部为漏底的盘形，下部为扁圆腹，开始时还配有盖，显得很雅致。唾壶的形状在使用中不断得到改进，到了明清已经跟现代的痰盂长得很相像了。古代的达官贵人、士大夫阶层宴饮、召开座谈会时身边常带此物，一来有实用性，二来可显示自己是有身份、有层次的“文明人”。古人记载晋代已开始使用渣斗，到了宋代，“宋季大族设席，几案间必用筯瓶（又称“筷笼”“箸笼”“筷筒”）、渣斗”（也有学者认为唾壶不是痰盂，在此不作讨论）。

“唾壶击缺”和“击碎唾壶”是一个意思，是发泄渴望施展才华、壮怀激烈的感情，或在表示对某作品的高度赞赏的情感时，用如意（如意即“痒痒挠”，又称“老头乐”，不是后来的工艺品玉如意，或其他名贵材料制作的如意）、棍棒之类的东西，敲打放在餐桌或食几上的唾壶。形容心情忧愤或情绪激昂。

真的如此骇人听闻？痰盂放在桌子上？真的，不骗你。

“唾壶击缺”出自《世说新语·笺疏》（作者刘义庆、刘孝标、余嘉锡）中卷下、《晋书》卷九十八《王敦传》（《辞海》唾壶解释中提到的王处仲即王敦）。

据《晋书·王敦传》介绍：王敦的父亲王基，官至治书侍御史。王敦娶晋武帝女儿为妻，被授驸马都尉和太子舍人，后升为给事黄门侍郎。又因军功升迁左卫将军刺史等职。惠帝时加封广武将军，元帝时王敦与其弟弟王导包揽朝廷军政事务，晋元帝司马睿几成傀儡，有“王与马，共天下”之说。早先刻意进取，不好色不贪财，崇尚清高。“既素有重名，又在江左建立大功，便专擅地军政大权，手握重兵，从官都已显赫，威权无人可比。有了篡逆之心。”所以，史书记载称：“王处仲每酒后，辄咏魏武帝乐府歌曰‘老骥伏枥，志在千里；烈士暮年，壮心不已’。以如意打唾壶，壶口尽缺。”怎么样？是真的吧！史书上就是这么说的。如果痰盂不是在餐桌上放着，王敦怎么能敲击呢！

王大将军为什么老和痰盂过不去，一喝酒就用如意击打它呢，而且敲打得唾壶沿口犬牙交错？原来，随着他野心的膨胀，晋元帝出于防范考虑就派了专人到他的帐下担任幕僚。王大将军感到处处掣肘，心里很不爽，所以一喝酒就发牢骚，一发牢骚就敲打桌子上的唾壶。后来王敦果然以“清君侧”的名义，发动了历时三年的“王敦之乱”，进兵建康（今南京），导致晋元帝急火攻心，竟然呜呼哀哉了。晋明帝执政后，采取多种措施，平息这场兵患，王敦也病重不治，功败垂成死在军中。

现在人们很少使用这个成语了，宋高宗建炎三年（1129 年）秋，金兵大举南下，直逼扬州时，宋高宗狼狈南逃，长江以北被金占领。南宋词人张元干在南逃途中心中无限悲哀，写下了悲壮的《石州慢·己酉秋吴兴舟中作》，其中有引用，后来南宋诗人严羽的诗作中也有引用。

古人将痰盂放上餐桌，在我们今天看来实在不可想象，也不敢恭维。影视作品中的古人宴饮时的场景都是一人一张食几，席地而坐，几上大鱼大肉、杯爵餐具一应俱全，只是未见唾壶，想必导演们不知有此物或者觉得有碍观瞻。不过艺术化的东西好像也没有必要非得把历史的真实还原到如此地步。

文明高度发展的今天，痰盂已经逐渐淡出了人们的生活用具视野，除了小孩儿已经没什么人使用了。20 世纪八九十年代女子结婚时，一对痰盂还是必备的嫁妆之一。记得我主管机关接待服务时，曾经因为清洁人员没把痰盂洗干净，很是向领导做了一番检讨。那时领导人接待宾客，中间的茶几下必有痰盂一个。不过，时至今日我们宴饮时唾壶实际上还是存在的，并且使用得还很频繁，只是把唾壶换成了盆，叫骨盆。如果你想吐痰了，对不起，请去盥洗室，也称“WC”，那里有大大的唾盂。

杏林春满

——化解医患矛盾的绝佳处方

杏林：相传三国吴董奉为人治病，不收报酬，对治愈的病人，只求为其种杏树几株，数年后蔚然成林。见《神仙传》。后世常用“杏林春满”“杏林春暖”“誉满杏林”等语来称颂医家。（《辞海》）

出处：《太平广记·神仙传》。

《太平广记》系小说总集，北宋李昉等编辑。因书成于宋太宗太平兴国年间，故名。五百卷，另目录十卷。按性质分九十二大类。采录自汉至宋初的小说、笔记、稗史等四百七十五种，保存了大量的古小说资料。其中引用的书，有许多已经散佚、残缺或被后人窜改，赖此书得以考见。中华人民共和国成立后有经过校正的排印本。（《辞海》）

《太平广记·神仙传》说：三国时吴国侯官（今福建福州长乐区古槐镇龙田村）人董奉（220—280）是个医术高超的医生，为人治病从不收钱，但要求病人痊愈后，根据自己的病情程度，种一到五棵杏树即可，不久竟得十万株，形成好大一片杏林。杏子成熟了，董医生采取“以物易物”的办法，用杏子换谷物，为穷人和旅途受困者建立“义仓”，接济贫困。后来董奉医生在庐山得道成仙飞走了，人们为纪念他，就把他在江西九江庐山莲花峰麓的那片林子叫作“杏林”，比喻为中医业，医疗机构也就有了“杏林”这个美好而温馨的代名词。

董医生为何让病家栽杏而非栽其他果树呢？皆因杏树质地坚硬，

是做家具的好材料，杏叶可入药、做饲料，既是经济果树树种又是药材。杏是常见的水果之一，营养丰富，含较多糖、蛋白质以及钙、磷等矿物质，另含维生素A、维生素C和B族维生素等。一千多年以后，明代的李时珍在其192万字的《本草纲目》中称——杏，释名：甜梅。气味：（核仁）甘、苦、温、冷、利，有小毒。主治咳嗽寒热。处方：杏仁半两，去皮尖，放入童溺中浸七日后取出，温水淘洗，研如泥，加童溺三升煎如膏。每服一钱，熟水送下。杏还可治上气喘急、喘促浮肿、头面风肿、偏风不遂、失音不语（中风、半身不遂）、肺病咯血等近20种疾病。杏林俨然就是一座以杏为主的药材林和百草园。

自古以来，只要有病人就会有医生，也就难免产生医患矛盾，只是古时候的医患矛盾没有发展到今天这般尖锐，时有命案发生，以致多地建议人大立法、要在医院设立公安派出所。医患矛盾成了各个医院的一块心病，虽为社会普遍关注，也做过许多研究和探索，却好像终无良方。

董奉医生倒是有个解决医患矛盾的好处方：通过看病建立起医患命运共同体，不妨学学。归纳起来是三个方面五条措施：第一，医生方面（也是最主要方面）三条措施：一、医生的医术精湛，有精度；二、医生的态度和蔼，有温度；三、医生治病不收钱，思想有高度。第二，病家方面一条：患者在治疗期间感受到董医生的精度和温度，痊愈后种树回报社会。提倡种果树既环保还灌输了慈善、报恩理念，并以此影响其他人，弘扬正能量。董医生的治病又治心的两方面四条举措化医患矛盾于无形，实在是高。对普通人而言，要想让他说你好，方法很简单，就是给予。医生给他治好了病还不收他钱，他当然说你好。

然而，常人又都有趋利之心，也不是人人都有一颗善心。因此，杏子交换谷物的过程中常有贪便宜者，怎么办？这就是第三方面外部制约一条：需要有人来维持交易和社会的公平。董医生的杏林里不知怎么养有一群老虎（因为是神话传说，养了多少只、以什么喂养不得而知），凡以少谷换多杏者老虎必张开血盆大口一口叼住，试想有谁还敢胡作非为？于是，虎威下的杏林春意盎然，暖意浓浓，皆大欢喜。

真心希望，医患还有社会特别是法治力量都能从董医生这里学习借鉴点儿什么，让所有同医疗相关的机构都能成为充满爱意的杏林，但愿吧！

悬壶济世

——行医的“招牌”

悬壶：《后汉书·费长房传》：“市中有老翁卖药，悬一壶于肆头。”后人称行医为悬壶，本此。（《辞海》）

悬壶济世：指行医卖药，救助世人。（《新华成语词典》第2版）

不管是游医还是坐堂中医都把药葫芦当作广告或悬或挂，或扛在肩上云游四方，表示自己是看病的，招揽生意的同时以医技普济众生。“悬壶济世”也可以是病家称道医生的意思。

中国医学最早可以追溯到上古时期的黄帝，至今留有《黄帝内经》，还有神农氏的中草药就是明证。古代，游医又称郎中，肩扛一幡，上书“起死回生”或“妙手回春”等字样，杆头悬一葫芦作为标志走城串乡，在为大众解除病痛的同时，也给人们平添了不少神秘的色彩。

“悬壶济世”出自南朝宋范晔《后汉书·卷八十二下·方术列传·第七十二下·费长房传》。东汉时期，有一卖药老汉，肩扛一挂有药葫芦的竹棍，白天在闹市卖药，晚上落市后就将其放在一酒家不起眼的角落，乘着旁人不注意的瞬间跳入葫芦内休息。此事被河南平舆县射桥镇古城村人费长房发现，觉得老汉绝非常人，第二天就备下酒肉放在葫芦处恭候。也许老汉是专程来度化费长房而故意让他看见的，所以老头就拉着他一起跳入壶（葫）中。壶里乾坤大，别有洞天。老头说自己是神仙（即“道医壶公”），并带费长房到深山学艺。经老神仙考验，认为“子可教也，遂可医疗众疾”（意思就是费长房可以教育，学成后可为众人治病天生就是做医生的料）。因最后一关“使食粪”未通过而使成仙功亏一篑。分别时，老神仙未教医术只送费长房一竹杖当坐骑，又给了他一道符。回家后费长房无师自通地行起医来，扛着挂有药葫芦的竹杖到处跑，壶内有药丸，也有工具，还有随身物品，俨然成了卫生百宝箱和流动广告牌。费长房能包治百病，还能降妖、呼风唤雨。后失符，被鬼所杀。

中国很早以前就有种植葫芦的记载，葫芦，福禄也，所以被人们视为吉祥物。最早因传说故事人物铁拐李手持铁杖背负葫芦的游医形象而使葫芦家喻户晓。铁拐李，传说中的八仙之一。相传姓李名玄，曾遇太上老君得道。神游时因其肉身误为徒弟火化，游魂无所依归，乃附一饿死者的尸身而起。蓬头垢面，袒腹跛足，并用水喷倚身的竹杖，变成铁杖，故称铁拐李。铁拐李有一手好医术（就是治不了自己的瘸腿），特别善于炼制膏药，常拄一铁杖，背负一硕大的葫芦，走村串户普救众生，深受民众喜爱。

与医学医疗相关的标志有好几种。中医除了以葫芦为标志，还有源自药王孙思邈的传说故事的“串铃”（也称“虎撑”“虎衔”）。西医用红十字作为标志，西药房标志则为绿十字。世界卫生组织的会徽则以缠绕神杖的灵蛇作为标志，与我国“悬壶济世”的“招牌”有异曲同工之妙。

红十字会：一种志愿的、国际性的救护、救济团体……1864年8月间，由瑞士发起在日内瓦召开国际会议，签订了一个日内瓦国际红十字会公约……有使用红十字标志的特权……公约规定用白底红十字标志，它意味着战时战地救护和战俘救济工作的组织机构及其医护人

员在敌对双方的中立性。（《辞海》）

《圣经·民数记》说：4000多年前，以色列人在先知摩西的带领下走出埃及返回耶路撒冷途中，有些人经不起耶和华（上帝）的考验而怨声不断，上帝就放出火蛇咬他们。摩西就向上帝祈祷，上帝让摩西制作一条铜蛇挂在杆子上，身中蛇毒的人看见铜蛇便会痊愈。后来蛇缠绕杆子被医学界用来作为标志，象征拯救生命，再后来的基督耶稣信徒们视其蕴含基督十字架的意思。

古希腊神话传说中，太阳神阿波罗的儿子，光明、预言、音乐和医药之神阿斯克勒庇俄斯于公元前400年被封为医神，他总是手持两条灵蛇缠绕着的神杖云游四方，治病救人（此景很像我们以前的游医郎中）。古希腊神话中，灵蛇阿伽特（Agathos daemon）是仁慈善美的化身，能为人们带来幸运、康乐和智慧，不仅行医者以它为标记，普通人也很喜欢将蛇的形象用于首饰、用具的装饰，有的将其作为护身符佩戴。西方许多画家的画作中常有蛇的身影出现。因阿斯克勒庇俄斯医术高明，为人善良，特别受人爱戴，成了人们崇拜的偶像。后来出于对他的崇敬，人们就以灵蛇缠绕神杖作为医学的标记。神杖（手杖）表示云游四方，蛇作为医务工作者的标志，久而久之成了国际通行的医疗卫生的标志，世界卫生组织也以此作为会徽。（见注1）

“悬壶济世”的传说听起来引人入胜，实际对中医的发展并不利，特别是西医迅猛进步的当下。“悬壶”、玄乎也，“济世”的口气也有点儿大。且不说曾经许多仁人志士如孙中山、鲁迅都认识到“悬壶”只可治病，且不能包治百病，更不可能“济世”而转向社会革命，光看一个神神叨叨的葫芦，人们不知道里面究竟卖的是什么药。中医不仅遭到国外西医的抵制，就连国内的医疗界也颇有微词，甚至几次欲禁中医。据说，毛病出在三个方面：一个是治病理论很“玄乎”，讲的是“气”“穴”“脉络”“阴阳”，还有“祛湿”“败火”等看不见、摸不着的“道道”，特别是缺乏理论研究的著作化和数学模型建立（其实未必，见注2）；二是治病的方法很“玄乎”，除了望闻问切，还有推拿正骨、针扎火燎等各种非常手法；三是药方和药材配制很“玄乎”，没有统一标准，药物分析不足，还有什么“药引子”“以毒攻毒”，特别是“一人一方”“一病一方”这种充满哲学思维的千变万化的处方西方人很难理解。这些都给人留下种种神秘感和困惑，似乎中医本事越大越神秘，越玄乎。其实，这都是缘于对中医的误解。然而在文化科技高度发展的5G时代，类似“打鸡血”“吃绿豆”的治病养生之术仍然时有耳闻。好在我们出了个屠呦呦拿了诺贝尔奖，否则中医中药地位更加不堪。2020年“新冠肺炎”一闹，中西医联手，有的病患甚至绝大部分是用中医中药治愈的，为全球战胜疫情开创了新的治疗路径。

说到医疗和医疗改革，人们诟病颇多，医患矛盾不断，有说体制问题的，可是大疫一来，大家又都说还是国家公有制好。有说机制问题的，改革几十年下来，难道还没有一套相对稳定的机制办法？也有说是红包、号贩子等，不一而足。从原来的分级治疗到一张卡到处可以看病，再到提倡病人分级治疗，折腾了一圈又回到原点。因为趋利避害是人与生俱来的天性，人人都想得到最优的医疗服务也是本能的反映，特别是在生死攸关的大病重病面前。而事实上，最优医疗（不管是医生的医疗技术或是医疗设备）始终是象牙塔的顶尖，是不可能普及的，上下一般粗只是天真的幻想。不是你有钱有卡就能看、就能救命的事。许多时候问题的原因在于人，首先在于从事这项工作的人。古代的扁鹊、李时珍，当代的吴孟超、钟南山、屠呦呦们好像并没有受到体制机制等影响，为什么？医者仁心也！

什么是“仁心”？1948年世界医学会对2600年前古希腊医学家希波克拉底制定的从业守则《希波克拉底誓言》加以修改，正式作为从医人员的誓词，后来又经几次修改，于2006年5月世界医学协会第173次理事会确认并使用至今，史称《日内瓦宣言》，就是“仁心”。

修改前的版本是这样的——

我以阿波罗及诸神的名义宣誓：我要恪守誓约，矢志不渝。对传授我医术的老师，我要像对父母一样敬重。对我的儿子、老师的儿子以及我的门徒，我要悉心传授医学知识。我要竭尽全力，采取我认为有利于病人的医疗措施，不给病人带来痛苦与危害。我不把毒药给任何人，也绝不授意别人使用它。我要清清白白地行医和生活。无论进入谁家，只是为了治病，不为所欲为，不接受贿赂，不勾引异性。对看到或听到不应外传的私生活，我决不泄露。如果我违反了上述誓言，请神给我以相应的处罚。

定稿后的《日内瓦宣言》是这样的——

当我成为医学界的一员，我郑重地保证自己要奉献一切为人类服务。

我将会给予我的师长应有的尊敬和感谢。

我将会凭着我的良心和尊严从事我的职业。

我将视病人的健康为我的第一思考选项。

我将尊重所寄托予我的秘密，即使是在病人死去之后。

我将会尽我的全部力量，维护医学的荣誉和高尚的传统。

我将视我的同僚为我的兄弟姐妹。

我将不容许年龄、疾病或残疾、信仰、民族、性别、国籍、政见、人种、性取向、社会地位或者其他因素的考虑介于我的职责和我的病人之间。

我将会保持对人类生命的最大的尊重。

我将不会用我的医学知识去违反人权和公民自由，即使受到威胁。

我郑重地做出以上承诺，并以我的人格担保切实践行！

从原来的“七条承诺”扩大为“九个‘我将……’”，应该是所有从医者共同的誓言，不论西医还是中医，也不论你是医生还是护士或是其他人员，只要你的工作同医学、医疗有关，都应该把《日内瓦宣言》牢牢地记在心里、扛在肩上、举在头顶，而不在乎悬挂的是十字，或是葫芦再或是灵蛇神杖。如果我们的医务工作者都能牢记“仁心”，凭借大好之势和大好之时，按照毛主席老人家的指示和中央的要求，借鉴西医理论、方法，加紧研究创新，发挥中医独特的作用，具有中国特色的医学一定能走在世界前列。

注 1：古希腊，人们相信蛇的蜕皮象征着重生、生殖、疗愈，希腊神话中蛇也就被赋予疗愈、死亡与重生的意义，蛇还代表大地所蕴含的生命力。

注 2：明朝李时珍大夫除了《本草纲目》还有《濒湖脉学》《脉诀考证》等理论著作，其中有一本《奇经八脉考》。此书主要讲针灸，一反以往著作多以督、任二脉作为奇经八脉的纲领之说，而将阴维脉、阳维脉作为八脉之纲，将奇经八脉 141 个穴位增删为 158 个，对人体解剖名称、疾病及症状名称等做了详细解释。

奇经八脉：中医学名词。经络组成部分之一，即冲、任、督、带、阴跷、阳跷、阴维、阳维八脉的总称。因其“别道奇行”，不受十二经的拘制，且无藏府配合关系，故名奇经……八脉的循行分布，参互于十二经脉之间，对人体气血、营卫的沟通、涵蓄和运行，起着调节和联系的作用。（《辞海》）

羊斟惭羹

——“专车司机”的脾气

羊斟：人名，春秋时期宋国主帅华元的“专车司机”。

惭：惭愧、羞愧怨恨。

羹：肉、菜等食材制成的糊状食品。

“羊斟惭羹”比喻各自为政、以私害公的人。

《左传·宣公二年》记载：“将战，华元杀羊食士，其御羊斟不与。及战，曰：‘畴昔（畴昔是过去、以前的意思）之羊，子为政；今日之事，我为政。’与入郑师，故败。”

华元，春秋时宋国大夫。宋文公四年（前607年）对郑作战失败，他被俘，后逃归。宋共公十年（前579年），使晋楚两国在宋国西门外结第一次“弭兵”之约。（《辞海》）

那么前607年，对郑的那场战役华元是因何而失败的呢？说来挺搞笑。

《左传·宣公二年》及《史记·宋世家》载：春秋时期，群雄崛起，诸侯纷争，当时实力相对雄厚的是晋楚两国，都在虎视狼顾一心称霸。夹在晋楚两雄之间的宋国和郑国分别与晋楚结盟，形成两大阵营。两大阵营间摩擦不断，不久发生“大棘（今河南柘城）之战”。战前，晋方阵营的宋国主帅华元召开誓师大会，会后举办出师宴，以上档次的佳肴——羊羹招待将士。按理说，华元是位能人，思考缜密周全。可是那一天，也许大战在即，事务繁多，也可能是疏忽，他的战车专职司机羊斟不仅没有上餐桌（这种情况在我主政和分管车辆工作时从未遇见），而且连客饭也没安排。有人提醒说是否让羊斟也上桌，华元却回答：我的羊羹是给冲锋陷阵的将士们吃的，他驾驶的是指挥车，又不用直接和敌人拼杀，没他的份儿（如此看来，华元将军的情商好像有点儿问题）。要命的是，这番话又恰巧被在一旁生闷气的羊斟听到了，羊斟的火气不打一处来，心想：平日里随你鞍前马后东奔西颠，今日羊羹都没得吃，还把以往的汗马功劳都一笔勾销了。据称，另有一说是羊羹做得不够，轮到羊斟时羊羹已经分完了（那时的风气还是蛮正的，既没有谁巴结专车司机给他加个塞，专车司机也没什么特权）。还有说是华元把羊斟忘记了。总之，羊斟没能吃上羊羹。帐内将士们酒酣耳热，吆五喝六，喧闹声、羊羹的香味一起向羊斟袭来，羊斟的一颗小心脏再也无法平静下来。一般说来，专车司机都是有点儿小脾气的，羊斟也不例外，因没吃上羊羹而起的羞愧迅速转化成了怨恨，而且到了"是可忍，孰不可忍"的地步。第二天，就在双方即将开打的那一刻，令人瞠目结舌的一幕突然上演了：只见羊斟驾驭着指挥车，载着华元"一马当先"直向楚方阵营冲去。羊斟边"冲锋陷阵"边对华元高喊：昨天分羊羹是你的权力，今天驾车可就由我说了算！说时迟那时快，众人尚未明白怎么回事，宋军主帅华元已经落入郑国之手。还未交战，主帅成了俘虏，这仗还怎么打？结果可想而知，"大棘之战"就是一场儿戏。后来华元自己不知怎么逃了回来。

华元历经艰险逃回了宋营后，继续为国效力，然而其威信已经很是不堪。有一次他去视察筑城工程，民工们都嘲笑他。羊斟的下场也不咋地，郑国并未因他绑架了主帅而加以重用或奖赏，相反还有些瞧不起他，“客气”地将他作为战俘送回了宋国。华元在军中见到羊斟依然不信他会背叛自己，问道：“怎么回事？是马有问题吧！”羊斟意味深长地回答：“马没问题，是人的问题！”后来，羊斟自己觉得无颜再在军营里待下去，也没脸在宋国生活下去，就投奔鲁国去了。华元也没有追杀他，宋国虽小，华元好歹也是个宰相，宰相肚里好撑船嘛。

这则成语给人们的启发还是蛮多的。有人说，万万不可得罪小人，说不定哪天他就给你挖个坑，怎么栽下去的都不知道；也有人说，领导要大度，一场战役和一碗羊羹孰轻孰重；还有人说，要和身边的人结成命运共同体，于公于私都好。不过，对羊斟的评价基本是一致的：因为没有吃上羊羹而绑架主帅投敌，怎么说都是令人不齿的。

这个事件以后的两千多年来，除了极个别的专车司机（如公元前209年，农民起义军首领陈胜被其“司机”庄贾杀害外），领导和专车司机关系是融洽的（最具代表性的是刘邦与他的专车司机夏侯婴），有的还特别融洽，这是后话，不在此展开。这种事件除司机本身素质外，起因却是羊羹，这就有些令人费解：那时的羊羹怎么就那么美味可口，是古代的羊肉特别鲜美，还是古代厨师的烹饪手艺高得出奇？居然因为没吃上羊羹就叛党叛国。究其原因，也许在于“惭”字上。你不给他吃，就是不给他面子，没面子又引起了他的羞愧，进而演化为怨恨，怨恨又激发了他的报复心，“专车司机很生气”“后果很严重”。有专车的领导，可要注意噢！

羊枣 昌歜

——萝卜青菜各有所爱

羊枣：果名。君迁子之实，长椭圆形，初生色黄，熟则黑，似羊矢，俗称“羊矢枣”。羊矢枣又名“君迁子”。（《辞海》）

（似羊矢即像羊的排泄物，羊屎：羊屉屉）。

君迁子：亦称黑枣、软枣、羊矢枣，柿树科。落叶乔木，树冠圆形……浆果长椭圆形，熟时由黄色变为蓝黑色，外有白粉……熟后可供食用；也可入药……（《辞海》）

昌歜：（chù）：《左传·僖公三十年》：“飨有昌（同菖）歜”。杜预注：“昌歜，昌歜菹。”菹同菹。菹：1. 多水草的沼泽地带。2. 酢菜；腌菜。3. 剁成肉酱。昌歜，即菖歜，也指昌歜腌菜。

菖蒲：亦称“白菖蒲”。天南星科。多年生水生草本，有香气。叶长 60 ～ 80 厘米，排列成两行，主脉显著。肉穗花序圆柱形，着生在茎端，初夏开花，花黄色。广布于全球温带，我国各地都有野生或栽培。民间在端午节常将菖蒲叶与艾结扎成束，或烧其花序，以熏蚊虫。全草也为提取芳香油、淀粉和纤维的原料。根状茎也可做药用，为芳香健胃剂；全株亦可做农药。（《辞海》）

菖蒲还可用来腌制咸菜和酿酒。古代菖蒲腌制的咸菜因领导人的喜好曾作为上档次的硬菜。如文王就特别喜好这一口，孔子也学样“文王嗜菖蒲菹，孔子闻而服之，缩頞而食之，三年，然后胜之”。再如《左传·

僖公三十年》："飨他国之来使，以示优礼。""冬，王使周公阅来聘，飨有菖歜。"

"羊枣昌歜"：曾皙嗜羊枣，楚文王嗜昌歜，后以"羊枣昌歜"比喻人之癖好。（《汉语成语大辞典》）

出自明代文学家、思想家吕坤《答孙月峰书》："吾辈若不叛孔子，即博涉此书，为羊枣昌歜，有何不可？"意思是说，只要我们不违背孔子的基本思想，因博学而涉及此类书，也只是各人各有所好，有什么不可以的呢？

这个成语来自两个故事：

其一，《孟子·尽心下》："曾皙（孔子早期学生，曾子的父亲，曾子也是孔子的得意门生）嗜羊枣，而曾子不忍食羊枣。"孟子的学生公孙丑问孟子："脍炙与羊枣孰美？"孟子曰："脍炙哉！"公孙丑曰："然则曾子何为食脍炙而不食羊枣？"曰："脍炙所同也，羊枣所独也。讳名不讳姓，姓所同也，名所独也。"白话是这么个意思：曾皙非常喜欢吃羊枣，死后他的儿子曾子就再也不吃羊枣了。公孙丑问老师，烤肉和羊枣哪个好吃。孟老师说当然是烤肉！公孙丑又问，既然如此，曾子是不是因为烤肉好吃而吃烤肉却不吃羊枣？孟老师说，烤肉是大家都喜欢的食物，而羊枣只是曾皙个人的喜好。正如名要避讳而姓不必避讳一样，姓是众人使用的，名却是一个人独用的。曾子不食羊枣是为避其父之讳，是尊敬父亲的孝行。

其二，《韩非子·难四》："屈到（楚国名士）嗜芰（菱角），文王嗜昌蒲葅（菹），非正味也，而二贤尚之，所味不必美。"屈到特别喜欢吃菱角，文王特别喜欢吃昌歜腌制的咸菜，这两种食物既便宜又不是什么味道特别好的东西（意思是上不了台面的食品），但是两位贤人就是好这一口，所以食物的味道不一定要美，各自喜欢就好。

这个成语是后人把曾皙嗜羊枣、屈到爱吃菱角、文王嗜菖歜的事合在一起，比喻某人的某种癖好。

羊枣这种东西没有规模化种植，产量不多，喜欢吃的人也不多，味道怎么样不得而知。菱角不爱吃的人好像不多，以前价格十分便宜。菖歜的味道如何，除了鲜以外，大概恰如韩非子所说“非正味也”。事物的多样性、思想的多元性是社会存在的特征之一，正所谓“萝卜青菜，各人所爱”，在不违反原则的前提下，多 点儿包容也许正是社会和谐的表现。

一斛凉州
——60斤葡萄酒换个封疆大吏

就像“臭豆腐”闻起来臭，吃起来香一样，溜须拍马、行贿虽上不了台面，却一直都有一定的潜在市场，并且一直伴随着人类的发展而发展。只是因为主流社会不容、正人君子所不齿的缘故，没能形成正式的经验总结和理论体系，充其量只是口口相传，甚至只可意会，不可言传。在这一领域，东汉的孟他（亦作佗）当属“翘楚”，因为他，苏轼留有诗句“伯郎（孟他字）一斛得凉州”（简化为“一斛凉州”）。

斛（hú）：量器名，亦容量单位。古代以十斗为一斛，南宋末年改为五斗。

凉州：州、卫、府名。西汉置凉州，为汉武帝十三刺史部之一。东汉时治所在陇东（今甘肃张家川回族自治县）。辖境相当今甘肃、宁夏和青海湟水流域、陕西定边、吴旗、凤县、略阳等县……清雍正二年（1724年）改为府。治所在武威（今市）。辖境相当今甘肃武威、金昌、永昌、民勤、天祝、古浪、永登等市县地。1913年废。（《辞海》）

“一斛凉州”意为用一斛美酒等行贿换来一个凉州刺史。形容靠贿赂手段谋得官职。

出自苏轼《次韵秦观秀才见赠秦与孙莘老李公择甚熟将入京应举》，其中诗的第三、第四句：“将军百战竟不侯，伯郎一斛得凉州。”

这个故事发生在东汉汉灵帝时期，行贿人叫作孟他（字伯郎），受贿人叫张让。

汉灵帝（156～189），即刘宏，东汉皇帝，公元168—189年在位。宦官继续专政，党锢之祸复起，逮捕李膺等100余人下狱处死。统治期间，公开标价卖官，天下田亩增税十钱，大修宫室，阶级矛盾激化，终于在中平元年（公元184年）爆发了黄巾大起义。（《辞海》）

刘宏12岁登基，33岁驾崩。做过许多荒唐事，创下多个第一。如明码标价卖官鬻爵、深宫驾驴、狗冠官服、设裸泳馆、办宫中市场等。因为沉湎于享乐，鲜闻政事，一切都交于"我公我母"（宦官）打理。

孟他，又作孟佗，字伯郎，东汉扶风郡（今陕西宝鸡市）人。

张让（？—189），东汉宦官。颍川（治今河南禹州市）人。任中常侍，封列侯，为十常侍之一。以能搜刮聚敛，灵帝极为宠信，常谓"张常侍是我父"。他霸占田地，并劝灵帝每亩田增税十钱，以大修宫室。中平六年（公元189年）何进谋诛宦官，事泄，他和宦官赵忠等杀进。不久在袁绍捕杀宦官时投河自杀。（《辞海》）

《后汉书·宦者列传第六十八》记载，"让有监奴典任家事，交通货赂，威形喧赫。扶风人孟佗，资产饶赡，与奴朋结，倾谒馈问，无所遗爱。奴咸德之，问佗曰：'君何所欲？力能办也。'曰：'吾望汝曹为我一拜耳。'时宾客求谒让者，车恒数百千辆，佗时诣让，后至，不得进，监奴乃率诸仓头迎拜于路，遂共轝车入门。宾客咸惊，谓佗善于让，皆争以珍玩赂之。佗分以遗让，让大喜，遂以佗为凉州刺史。"

这段话记载了孟他行贿和张让受贿以及结果的过程，字数不多，但极为生动。其实中常侍并不是什么大官，就是个皇帝的贴身用人，充其量给皇帝做些辅助性工作或唤作助手。但是灵帝年少又惰于朝政，张让便逮着机会，公事私事全包。张让权势熏天，凡欲当官者非走他的门路不成，否则犹如白日做梦。至于受贿的具体事情都由狐假虎威的家奴操办。孟他有些钱但又不是很有钱，是个没有背景、没有上层人脉却又有着强烈官欲的人。孟他几次笔试、面试、自荐均未谋得一官半职，想通关系又苦于无路子；想送礼一时也摸不着门道。怎么办？他便独辟蹊径先与张让家的管家、“保安”交朋友，隔三差五毫无保留地送些礼物，请他们吃个饭。家奴们都觉得孟他很够意思。过了一段时间，孟他因交好张让的家奴从“资产饶赡”到几乎耗尽，《三国志》说他“积年家业为之破尽”，张让的家奴觉得很不好意思，便主动跟老孟说，孟兄，你有什么事就跟我们说吧，我们一定尽力！孟他非常客气地说：“欲得卿曹拜耳。”（《三国志》：我地位低下，还没有人拜过我，所以只希望我来你们张家时，各位能对我行围拜礼一次就行了，也让我有个受人参拜的感觉）众家奴平时对他人趾高气扬，因为觉得亏欠孟兄，所以也就给他个面子，纷纷表态：没问题！当时走张让门路的人很多，上门送礼的车常常多达几百上千辆，甚至须在门外排队过夜才能入得了门。一天，张让家的门前又是车水马龙，孟他因为后到而被堵，进不了门。家奴们立刻弃他人而不顾，独朝孟他“迎车而拜”，一窝蜂热情地围上去打招呼，忙不迭地在前面给他引路，簇拥着孟他。所有求访、行贿者一时皆惊，不知孟他是个什么来路，纷纷打探、猜测，甚至认为孟他是张让的至亲。为了能走捷径，行贿者都转而巴结讨好孟他。孟他把所有受贿来的奇珍异宝、金银财宝挑选后，借花献佛，统统转贿给张让，当中就有中原稀有的蒲桃酒（即西域葡萄酒）一斛（60 斤），应该讲，这份礼足够大。没几天，孟他就当上了凉州刺史（据《续汉书》）：“扶风孟佗以葡萄酒一斛遗张让，即以为凉州刺史。”

西汉时凉州是仅次于西安的第二大城市，也是西汉实行“屯田制”的地区之一。早在汉武帝时期就引进了葡萄、胡麻等经济作物，而且对外交往频繁，是个富庶之地。在凉州当官，不仅权力大，获取经济利益的空间也很大。据说，孟他到任后，西域引进的葡萄栽培和红酒酿造都有了长足发展，使凉州成了葡萄酒的一大产区。唐代诗人王之涣的《凉州词》里“葡萄美酒夜光杯，欲饮琵琶马上催”和王维的“劝君更进一杯酒，西出阳关无故人”，大概说的就是它了。

不得不承认，孟他另辟蹊径的谋官方法是大获成功的。一、经得起时间煎熬，此事从谋划到实施再到成功前后好一阵子，急不得，但从不放弃；二、舍得花钱，不惜倾家荡产；三、根据不同的对象采取不同的方法：对家奴是从小恩小惠开始，长期投资；对其他众多行贿者是演一出好戏，引诱他们贿赂自己；对张让是重金轰炸，集各种大礼于一“弹”，一炸而成。真是礼到官到，礼大官大！对此，正人君子皆嗤之以鼻，所以，北宋苏轼曾不无感慨地嘲讽道：“将军百战竟不侯，伯郎一斛得凉州。”

没多久，天下风起云涌，东汉的好日子也到了头，到了三国曹魏时，连孟他的儿子也未能善终。

当官，特别是当有点儿权力的官，是个高风险岗位，是心术不正之人围猎的对象，如果官员本身定力不足，稍有不慎就有可能突破底线，进而一发不可收拾，沦为阶下囚。甚至不可收拾的将是一帮官员和一个地方，乃至整个官场和整个社会。

“一斛凉州”的背后揭示了一个弊端：在政治生态、社会生活都很不健康的背景下，你是谁不重要，重要的是你认识谁！

迎来送往

——迎来了贪腐，葬送了江山

十多年前，我参与一个较大型会议的迎来送往工作，每天深更半夜回家，第二天一大早又要出发。女儿问，你们一大帮人这样做有必要吗，有什么实际意义？我一时不知如何回答，人家到你们这里来，是你请来的客人，有必要热情招待，迎来送往是基本礼仪，确有必要。可是，一大帮人迎来送往好像也没有必要。由此我想起了一个浅显但含义却很深刻的成语来“迎来送往”，追补在此。

迎来送往：送走要离去的人，迎接到来的人。指应酬客人。《礼记·中庸》：“送往迎来，嘉善而矜不能，所以柔远人也。”（商务印书馆《新华成语词典》第2版）

典故出自《庄子·外篇·山木》：“其送往而迎来，来者勿禁，往者勿止。”说的是卫国国君要行政长官北宫奢为宫廷乐团铸造一套编钟，可是又不给钱，让北宫奢自己去向老百姓募捐。北宫奢就在城门外筑了个献金台，让伶人奏乐演唱做宣传，对机构团体、百姓的募捐既不定指标也不搞摊派。来捐的欢迎，不捐的照样客客气气欢送，捐不捐、捐多少悉听尊便。结果三个月内超额完成任务，捐得的资金铸成了两个音部十六口编钟。国君之子庆忌问他是怎么做到的，他说，顺从百姓心愿，不要影响他们生活，迎来送往即可。

由此可见，迎来送往本来说的是工作方法，却因最能反映驿站接待工作的特点，久而久之，“迎来送往”就多用于交际应酬了。

说起交际应酬就得从主管迎来送往的机构——古代的驿站说起。

驿站：古时供传递公文的人或来往官员途中歇宿、换马的处所（为公家服务的称驿站，为社会服务的称驿亭）。清代的邮政制度，各省所设的叫驿。专为军报而设的叫站。（《辞海》）

驿站后来逐步发展成为兼有通信、物流、信息、交通、接待、押解人犯等功能的机构。除了陆路，还有水陆兼备的水马驿站，如江苏高邮古城南门外的盂城驿和至今仅存的一座较为完整的河北怀来鸡鸣山驿。据说，驿站至今已经有 3000 多年历史了。

春秋时期，这样的机构称“邮”，“邮”与“邮”间距 50 里，是在一个人当天往返的脚力范围之内。

秦始皇时期设置的“十里一亭”是乡以下以维持治安为主的行政机构，处在交通干线上的“亭”又兼有驿站功能，称“邮亭”。

汉初“改邮为置”，用快马替代人力，“三十里一驿”，功能上包括官方接待。（《辞海》）

唐鼎盛时，为适应对外开放、国际交流之需，改驿站为馆驿，成为综合性招待所（类似国宾馆），规模空前。据统计时有馆驿上千座，工作人员上万，大多数是“农民工”。为便于管理，政府指定当地富户主持工作，以弥补行政经费不足。富商利用其特殊身份，抓住商机开展对内对外两面服务和创收，在个人得利、弥补行政经费缺口的同时也增加了就业，客观上实现了“三赢”。

宋代对驿站的管理有两个特点对后来影响深远：一个是改“农民工”为军卒（属于体制内的人）；二是官员的私人信件可交驿站传递，

接待官员的功能大为加强（同时也为腐败埋设了正当理由）。从此，只要是个官，有介绍信、批示、条子，或者有人关照，就可以享受馆驿提供的服务。馆驿工作岗位也成了肥缺。

明代又给驿站增加了职能，还负责陆、水（海）运输的集散调度。明朝驿站的膨胀使其功能产生了变异，出现了许多乱象，如借接待之名搞大吃大喝、官员包括家眷公费旅游等，特殊情况时，驿站还可派兵保护官员及其家属的出行安全。说是有规定，实际操作却极其混乱。明崇祯八年（1635 年），陕西精简后的驿站仍然有近百座。

清代末，随着电报、邮电局、火车、轮船、汽车的出现，驿站逐步演变为生活、生产功能突出的集市、城镇，如沈阳即是从一个驿站发展为一座现代化的大都市。

说了这么一大段驿站，是想说明驿站与“迎来送往”的关系，以及“迎来送往”和一个朝代的关系。因为，从某种角度看，大明朝的垮台就是由于精简驿站，砍掉承担“迎来送往”职能机构而引发的。

1644 年 4 月 25 日晨，大明第 17 任（第 16 位）皇帝、16 岁登基、执政 16 年（缺 4 天）的朱由检衣冠不整、光着一只脚，步履蹒跚地走向皇家园林煤山（今北京景山），自缢在歪脖子“罪槐”树上，年仅 33 岁。至此，统治中国 276 年的明王朝因为撤驿，使一个小小的驿卒的下岗而轰然倒塌（梁启超语“明亡于御史毛羽健”）。

朱由检皇帝命运多舛，上台时的大明内忧外患，积重难返。执政后每天早起晚睡，勤于政务；生活节俭，就连上朝穿的龙袍都可见周皇后亲手缝的补丁；不好女色，百忙之中还抽时间陪伴孩子们，检查他们的功课。执政三月便智除阉党魏忠贤；他提倡广开言路，从严治吏；

六下“罪己诏”。做了许多实事，应该称得上是一位严于律己、有能力、有担当的好皇帝。煤山上吊前，朱由检在身着的袍服上写下遗言：尸体任由农民军处置，但万勿伤百姓一人。死得虽有些狼狈，却也不失从容、慷慨。得悉崇祯帝的死讯后，各地官员以各种方式表达了对他和大明的忠诚：有上吊投井的，有喝药跳河的，其中有不少官员举家殉难，还有的出家为僧；也有许多官兵自发抵抗农民军和清军，并以“复明”为旗帜坚持斗争了很多年，就连200多年后孙中山的革命也曾以恢复大明为目标，担任临时大总统后即专程去明孝陵祭奠；藩属国朝鲜依旧使用大明年号长达200多年。朱由检的死也赢得了李自成的尊敬，允许以帝王规格举行公开大殓。清入主中原后，为笼络汉人，不仅为崇祯帝和周皇后的陵园起名“思陵”，还重新修陵，顺治皇帝还为其立碑并亲自吊唁。崇祯落葬那天，百姓们自发凑钱为他送葬。当30多名杠夫抬着朱由检夫妇的灵柩，行进在昌平的路上时，沿途百姓万人空巷，挥泪送别。这样一位好皇帝怎么就这样狼狈地死了呢？话还要从一个叫作毛羽健的“纪委干部”说起。

《明史·毛羽健传》：“毛羽健，字芝田，公安人。天启二年进士。崇祯元年，由知县征授御史。好言事……陈驿递之害：‘兵部堪合有发出无缴入。乡绅递相假，一纸洗补数四。差役之威如虎，小民之命如丝。’帝即饬所司严加厘革，积困为苏。”

毛羽健为什么要提出撤裁驿站的建议呢？《明史·毛羽健传》没有说，据野史说：他是个能力很强的官员，有思想、有主见、好言事，常向上级建言献策，且他的意见又往往能切中时弊，本人还很符合清正廉洁的要求。因此得到上台不久、一心致力大明中兴的崇祯皇帝赏识。毛在家乡时的原配温氏本是一悍妇，对毛羽健监管甚严。进京后，毛羽健一方面脱离了悍妇的管束，自由感空前高涨；另一方面初来乍到缺少家的温馨和精神慰藉，就养了个“小三”。温氏通过驿站的渠道很快得知毛御史在京的所作所为，又充分利用驿站的便捷，带了一帮家人水陆并行、日夜兼程两千多里打上京来。不仅“小三”被逮了个正着，狂殴一顿赶出毛府，连毛御史也被罚跪一天一夜。堂堂中央大员受此“家暴”很没面子，毛御史越想越恼火，他既不敢埋怨悍妻又不敢休妻，便把心头之火撒向驿站。于是，就有了毛羽健的驿站改革建议，他对皇帝说，如今内忧外患加灾害连年，国库耗尽，而馆驿开销甚巨，驿站欺上瞒下，所耗国力难以为继。总之，“驿递一事，最为民害”。裁撤馆驿既可端正官风还可以精简机构，减轻国家负担，节省下的银子用于剿匪和抗清，是一举数得的好事。年少气盛的崇祯帝正愁国库空虚，见毛御史提了这么个好建议，当即大笔一挥：准！

虽说这个桥段真假难辨，但是撤裁驿站是毛羽健的主意确是有案可稽的。只是，不巧被撤的驿站有一座叫圁（yín）川驿，圁川驿里有个驿卒叫李自成。

李自成（1606—1645），明末农民起义领袖。本名鸿基，陕西米脂双泉里人，出身农民家庭，童年时给地主牧羊，曾为圁川驿卒。崇祯二年（1629 年）起义，后为高迎祥部下的闯将，勇猛有识略。八年，荥阳大会时，提出分兵定向、四路攻战的方案，受到各部领袖的赞同，声望日高。次年高迎祥牺牲后，他继称闯王……时有“迎闯王，不纳粮”的歌谣。部队发展到百万之众，成为农民战争中的主力军。崇祯十六年（1643 年）在襄阳称新顺王。同年，在河南汝州歼灭明陕西总督孙传庭的主力，旋乘胜进占西安，次年正月，建立大顺政权，年号永昌。不久攻克北京，推翻了明王朝……永昌二年（1645 年）在湖北通山九宫山被地主武装杀害。（《辞海》）

撤驿造成 22 岁的李自成下岗了，因借债度日无力偿还，被告入县牢“械而游于市，将置至死”。获救出狱后发现，妻子迫于生计也可能其他原因红杏出了墙，李自成盛怒之下杀了债主又杀妻（不知何故没有杀奸夫），为避罪逃回原迁徙地当了兵。未料想，又受到长官的欺压和克扣军饷。于是李自成怒从心头起，恶向胆边生，一不做二不休，杀死了长官和地方县令，揭竿而起，从此南征北战 14 年，从一个下岗驿卒华丽转身成了大明王朝的终结者。

历史有时候很吊诡，小小驿站既非军事部门又非财政部门也非干部部门，只是吃吃喝喝的地方，却是腐败的温床，可正是这温床酝酿了不可挽回的严重后果。因为驿站坏了毛羽健御史的好事，为出口恶气而上书撤驿；又因为崇祯帝为中兴大明而听信了毛御史的馊点子，同意撤驿；还因为撤销驿站打碎了李自成的饭碗，导致其家破人亡而造反，就这样蝴蝶效应层层传递，最后掀起了一场风暴，大明帝国在内外夹击下轰然倒塌。

应该说，大明的灭亡是多种因素造成的，但是发端于毛羽健的腐败而撤驿，无疑是压死大明这头骆驼的最后稻草之一。如果毛羽健没养“小三”或者养了没被发现，又如果驿站没有给温氏提供方便，而且毛羽健没有迁怒于驿站，更没有提出撤驿，再或者朱由检没有同意撤驿站，那么李自成就不会下岗，也就没有了后来的那许多故事。但大明终究还是要亡的，因为“冰冻三尺，非一日之寒”。

历史没有假设，要紧的是我们后人要吸取前人的经验教训：“迎来送往”从来都不是什么小事，“四菜一汤”也绝非仅仅一顿饭而已。早在唐朝李商隐的《咏史》中就说：“历览前贤国与家，成由勤俭破由奢。”所以，清代梁启超说“明亡于御史毛羽健”，此话是有道理的。

运斤成风

——技不如獿（náo）人的郢匠

这个成语读小学时就学过，太熟太熟了，有必要说吗？有，或许你会有新的认知和感慨。

运斤成风：斤：斧。挥动斧头，快速如风。形容技法纯熟。《庄子·徐无鬼》："郢人垩慢（漫，沾污）其鼻端，若蝇翼，使匠石斫之。匠石运斤成风，听而斫之，尽垩而鼻不伤，郢人立不失容。"垩，白粉；漫，涂抹；运斤，挥动斧头；听，任由，听凭。这本是庄子的寓言，比喻手法熟练，神乎其技。元好问《王黄华墨竹》诗："岂知辽江一派最后出，运斤成风刃发硎。"参见"郢匠"。（《中国成语大辞典》《新华成语词典》第2版）

郢匠：楚国郢都的巧匠。（《辞海》）

"运斤成风"与"匠石运斧""郢（yǐng，楚国都城，今湖北省江陵一带）匠挥斤""郢人运斧"等成语讲的是同一个典故，同一个意思，比喻匠人手法熟练，技术神妙。

"运斤成风"是《庄子·徐无鬼》说的典故：庄子和惠子是好朋友，同时又是辩论的对手，互相视对方为知音。惠子死了，庄子去送葬，归途中对随从说：曾经有人表演过这样一个节目。一个郢人在自己的鼻尖上抹了一些像苍蝇翅膀一样薄的白灰，让姓石的工匠用斧子砍去。姓石的匠人眼睛看都不看，挥舞起手中的斧子，"呼呼生风"，一声吆喝，刹那间砍去了白灰而未伤及郢人鼻子分毫，郢人站在那儿从容不迫，一副若无其事的样子。宋元君听说后就把姓石的工匠召来对他说，你能不能也为我表演一下。工匠回答说，我以前确实可以这样做，而现在却不能了，因为与我配合得最为默契的搭档郢人已经死了。庄子说，正像他们俩一样，惠子是我的最佳搭档。现在惠子死了，即使我的本事再大，心有灵犀的对象不在了，从今往后我还能和谁去辩论啊。

还有一个典故出自清人王先谦所著的《庄子集解》，比“匠石运斤”中内容更加丰富、精彩，工匠还要技高一筹。该典故引述的是汉代经学家服虔（东汉儒家学者，字子慎，荥阳人）讲的一个故事。服虔说：“獿（náo，‘獶’的古字）人，古之善涂塈（xì，或jì）者，施广袖大领以仰涂，而领袖不污，有小飞泥误著其鼻，因令匠石斵（zhuó，砍削）之。”意思是说：有一帮技术特别好的泥瓦匠，称獿人。自古以来涂抹屋顶（今称之为吊顶、天花板，特别考验泥瓦匠的悬空活儿本领）的活儿干得尤为出众。干活儿的时候穿着宽大的衣服，仰面操作，衣领和袖子都不会弄脏（即搅拌好的泥灰从抄泥板到瓦刀，再从瓦刀到天花板上，基本没有滴落下来的），偶尔有一星半点的泥灰沾到鼻尖上，就让同样技术娴熟的石匠挥起泥瓦刀削下来，泥灰被除去了，而鼻子没有丝毫损伤。注意，这个故事说的可不是一个人，而是一个工匠群体。让人瞠目结舌的是，这个群体居然个个功夫了得，不只是技术娴熟，而是技艺高超达到了出神入化的地步。泥瓦刀上铲到多少泥灰，就有多少泥灰涂抹到天花板上，干最脏的活儿居然能保持衣服不脏；难免有丁点儿泥灰溅落到鼻子上，只要招呼一声，另一位工匠顺手一斧子（泥瓦刀）就给你擦得干干净净，泥灰去而鼻不伤。为什么要请伙伴帮忙呢？因为，泥瓦匠做涂抹活儿的时候，是一手拿抄泥板一手拿泥瓦刀的，做天花板涂抹活儿时一般又都站在脚手架上，仰面朝天，一方面工具没处放，另一方面自己也看不见鼻子上的泥灰，因此他只能请伙伴帮个忙。而伙伴则比较方便，用泥瓦刀漫不经心地顺手一挥，就像涂抹墙壁一样，却精准地除去了鼻尖上的泥灰。

不过，有人认为这两个故事实际上是一个故事，以讹传讹成了“运斤成风”。

“运斤成风”不仅指姓石的匠人手法娴熟（尽管这种技能并无多大用处，仅仅作为在集市上卖艺的糊口手段），同时也高度赞赏了与匠石搭档的郢人。匠石需要的是果敢心细，手法准确、娴熟，而郢人需要的则是对搭档的充分信任、沉稳、大胆和两人之间高度的默契，包括表演时的一呼一吸都有讲究，没有超乎常人的心理素质绝对玩不了这个活儿。试想一下，一把沉甸甸、明晃晃、锋利无比、似锄又似斧的“斤”，在你鼻尖舞得虎虎生风，万一有个闪失，那可真的不是开玩笑，想想头皮都发麻。匠石损失的无非是名声，而郢人损失的则将是鼻子，甚至是脑袋。不过，这么多同一意思的成语似乎对他的搭档很吝啬，至少也应该给搭档归纳提炼出一个成语，以彰显其过人的胆魄。当然今人也可以做这个事，本人虽能力不逮，却还是很期待。

“运斤成风”中郢匠主要是表演性的（以此养家糊口，是谋生者的主业），所以与其配合的搭档郢人死了，匠人就没法再玩了。而《庄子集注》引用服虔讲的典故中，獿人的本事则实用性比较大，涂抹吊顶（天花板）是玃人的主业，用泥瓦刀替伙伴擦干净鼻子只是捎带的副业，并且这副业毫不逊色于“运斤成风”者郢人的主业，看似轻描淡写，实则惊心动魄，实在令人佩服！不过，它们的寓意都很深刻，读书也好，做事、做工匠也罢，只要专心致志，坚持不懈，善于总结提高，尽可能往深里钻研，往广度里拓展（再加上有些天分），就可以把活儿做到极致。所以“三百六十行，行行出状元”。

造父御戎

——史上最佳专车司机

2020年春至今，新冠病毒闹得全球不太平。女儿因为工作性质，节奏加快了许多，已经没有了双休日，还要三班倒。10月的一天，她夜班出来后正好赶上星期五、星期六可以连起来休息。我们抓住机遇自驾游，到郊区做一次短暂的放松。路上自然而然聊起了与车子和司机有关的话题。她问我，车子是什么时候出现的？开车开得最快的驾驶员是谁？我因为有过管理车辆和驾驶员的经历，对这个问题比较熟悉。便即刻告诉她，黄帝时期就有早期的车子了。要说开车开得最快的驾驶员，除了世界方程式赛车的几位大佬，历史上要数周朝的造父了，有个成语“造父御戎”说的就是他。

造父：1. 人名，古之善御者。幸于周穆王。穆王使造父御，西巡狩，乐之忘归。而徐偃王反，穆王日驰千里马，攻徐偃王，大破之。乃赐造父以赵城，由此为赵氏。2. 星官名。又名“司马”、“伯乐”。属危宿，共五星，其中造父一、二即仙王座星。（《辞海》）

戎马：1. 军马。《汉书·刑法志》：“戎马四万匹，兵车万乘。”2. 指军事。（《辞海》）

“造父御戎”是指古代周穆王的专车司机造父驾驭技术特别出众。

“造父御戎”“造父御车”和“造父学御”说的是同一个人。

据称，造父出身于识马、养马、驯马世家，也是西周负有盛名的战车驾驭者，因此而成为赵氏始祖。

据史记载，最早的原始车辆由黄帝研制，距今已有4000多年的历史。从人力车到畜力车再到动力车（风动、汽动、油动、电动、氢动等），从独轮车到两轮、三轮、四轮车、多轮车再到无轮车（如气垫、磁悬浮等），它们承载着人类文明进步的脚印，而这种进步的每一步又往往始于战争之需要。古代衡量一个国家的实力往往以有多少乘战车为指标，今天一个人、一个家庭或一个国家的富裕程度往往还是以有多少车，特别是有没有豪车作为标志之一。有车就得有司机，无非自驾或者他驾，再或者智能驾。《左传》和《史记》记载了好几位专车司机的事。《左传》里讲过“羊斟惭羹”的故事，《史记》里既讲了陈胜的专职司机庄贾杀害陈胜的反面典型，又讲了晏子的专职司机，从趾高气扬转变为谦虚低调后来官至大夫的故事，然而最为突出的当数西周的造父，当然还有汉初的夏侯婴。先说开车开得最快的驾驶员造父。

《辞海》对“造父”的解释在《史记·赵世家》里有。据《史记·赵世家》记载：“穆王使造父御，西巡狩，乐之忘归。徐偃王反，穆王日驰千里马，攻徐偃王，大破之。乃赐造父以赵城，由此为赵氏。”意思说：周穆王委任造父给自己驾驭专车，穆王爱好游猎，有一次，往西王母娘娘居住地昆仑山狩猎，玩得非常高兴，忘了回家。正在兴头上，忽然接报（如何接到报告的不详）说徐国（今江苏省宿迁一带）的徐偃王造反，造父载着穆王把马车驾驭得如同腾云驾雾一般，日驰千里，赶回了镐京（西安）。周穆王回到京城，组织队伍，率众反击。徐偃王怎么也没有想到，周穆王会这么快回来，因此一败涂地。造父因功受封于赵城（今山西省洪洞赵城镇），其子孙因邑得氏。由于造父出色的驭马技术，被后人命名为中国传统星官体系中“造父星官”。古代能日行千里，你说快不快。所以，造父是当之无愧的快车手第一。但是，最快的不一定就是最好的。快和好是两个不同的概念。“快”很简单，谁都可以做到，油门踩到底不要松开就行了，而“好”就不一样了。好，首先是安全，任何时候都不出事故，连剐蹭都不曾出过。其次是驾驶技术精湛。再次是有驾驶道德，人品好。具备这三条的，我以为汉朝创建者的发小、赤膊兄弟夏侯婴算一个，而且应该排名第一。

夏侯婴（？—前172），西汉沛县（今属江苏）人。少与汉高祖善，从起兵，转战各地，任太仆。后封汝阴侯。惠帝、文帝时，继为太仆。以其曾任滕令奉车，楚人称令为公，当时称为滕公。（《辞海》）

“夏侯婴”也是固定的有所指的官职，借指太仆。如唐罗隐《裴庶子除太仆卿因贺》诗：“宫省旧推皇甫谧，寺曹今得夏侯婴。”

《史记·卷九十五·樊郦滕灌列传·第三十五》：夏侯婴从小就和刘邦一起玩，参加工作任县府养马的“车队驾驶班长”。刘邦任亭长时因误伤夏侯婴获罪，夏侯婴极力为其开脱使刘邦免遭牢狱之灾。后随刘邦起事，任车队队长兼刘邦专车司机，作战勇敢，忠诚可靠，不仅救过刘邦的命，还救过刘邦儿女的命。是他先发现韩信这个人才，推荐给了萧何，并和萧何一起月下追韩信，才有了后来的大汉一统天下。刘邦最为狼狈的逃亡路上，夏侯婴凭借出神入化的驾驶技术和对复杂路况的掌控，途中还不顾刘邦的反对，几次三番下车将储君刘盈和鲁元公主姐弟俩抱上车，救刘邦父子突出重围。刘邦登基后，夏侯婴也位列公侯，可他还是为刘邦驾驭专车。孝惠帝继位，夏侯婴的职务依然是车队队长兼专车司机。孝文帝刘恒执政，夏侯婴又接着为孝文帝驾驶专车。更加难能可贵的是，夏侯婴虽然不识几个字，却从刘邦开始到孝文帝给刘家当了四朝太仆。人们都说：老师是灵魂工程师。夏侯婴这位皇家家庭教师地位的确立，不是靠他懂得多少文化知识，而是靠他的情商、他的忠诚、他的政治智慧以及他的为人。

我曾有那么几年管过车辆和司机，所见所闻有些感悟，很愿意对有专车的领导提句忠告：读书时最好关注一下史书中有关专车司机的记载，专车司机的管理教育从来都不是件小事，因为他代表你的形象和组织形象，因此你有义不容辞的管理和教育责任。好的司机可以让崎岖山路变坦途，差的司机可以在康庄大道上把你送进鬼门关。

女儿赞同我的观点，说：看来，御戎的人才是关键。

债台高筑

——不堪的周天子

一般来讲，历史上凡是亡国之君都是“声名远扬”的，然而周朝的末代天子却寂寂无闻，反倒是与之相关的成语“债台高筑”要“闻名遐迩”得多。

“债台”：“债”古作“责”。战国时代，周赧王欠债甚多，无法归还，被债主逼迫躲在台上。后人因称其台为“逃债台”。见《汉书·诸侯王表序》“有逃责之台”颜师古注引服虔说。后来用“债台高筑”形容欠债甚多。（《辞海》）

“赧”（nǎn）：1. 因羞愧而脸红。2. 忧惧。

周赧王：（？—前256）东周国王。慎靓王之子，名延。公元前314—前256年在位。当时周已分裂为东周、西周两个小国，赧王虽名为天子，实则寄居西周。相传曾因逃债避居宫内台上，周人名为逃债台。周赧王五十九年（前256年），西周被秦攻灭，赧王死，周代灭亡。（《辞海》）

“债台高筑”是一个人们经常使用的成语，但其背后隐含着一个朝代的终结以及周天子的无奈和不堪，人们却未必都知道。

《史记》里说：东周战国时期，周赧王为重塑周朝昔日之辉煌，想组织诸侯国联军伐秦，命西周公签丁（招募兵马）为伍，仅得五六千人，且军费尚无着落。周天子就向富商地主、有钱的主儿游说，以天子名义、国家担保的形式发行“国债”，承诺班师之日用战利品加倍偿还。但是这个事情有些不靠谱儿，至少有两个风险没有考虑到，其一，“国债”期限多久？其二，仗打输了怎么办？也有富商既经不住诱惑也看在周天子的面子上，买了周赧王的“国债”。结果，天子号令发出三个月，响应者寥寥。各国表面上还维持周天子这张老脸，臣服周朝，实际上视周天子是个摆设，谁也不把他真当回事。巴不得有事发生，自己坐山观虎斗，周朝早日灭亡，好得渔翁之利。债主们眼见“投资”打了水漂，手里的“债券”将成为废纸一张，也就顾不得脸面，争先恐后到天子门上“上访”要债。可怜周天子姬延只能逃，可他又能往哪里逃呢？周朝的领地也就巴掌那么大，出国又不受欢迎，真是上天无路入地无门。怎么办？躲到深宫去，藏到高台上，当起了“老赖”。据说，今天洛阳城外还有一个小土墩，就是当年躲债台的遗迹，不知是真还是假。

真有此事？不会是在搞笑吧！今天我们看来，简直难以想象，周天子可是天下的共主，他会缺钱？即使没钱，发话就是了。即便向别人借了，那也是看得起他，债主竟然还敢追着天子的屁股后面讨？

讲真的，周朝到了周赧王时期，“分封制”已无土可分，不论政治、经济还是军事都呈日薄西山的没落景象。所以周天子他还真的是没钱，见了债主也真的是害怕。

他在位59年，东周风雨飘摇、分崩离析，诸侯国逐步坐大走向独立，大有同周朝分庭抗礼之势。其中尤以秦国最为放肆，有一次秦公然放话，要来首都举一下国之神器“九鼎”，姬延断然拒绝的结果是被从成周逼往西周寄居。

“债台高筑”史书着墨不多，因为这个事只是周赧王自己画饼充饥，并未有可歌可泣的事迹发生，也没有波澜壮阔的画卷铺展。如果说西周因为有孔圣人的推崇而成为历史上的理想王国，那么东周就因为礼崩乐坏成了战乱时代。史书从公元前770年周平王迁都洛邑、春秋开始，到秦统一六国，其间有太多的重大事件要写，何况竹简上书写本来就是件不易之事，有个天子不堪的成语“债台高筑”能留下来已经很不错了。

可见，“人穷志短”“财大气粗”，几千年前就是社会的普遍现象。只要你“债台高筑”，即使你地位再高，哪怕贵为天子，处境也是相当不堪，何谈尊严。

掷果盈车

——颜值还能换水果

社会上有一种现象，即靠颜值吃饭。对此我女儿在讨论中很是不屑。她说，人还是要凭真本事才能立得住。我说，人当然应该有真本事，但是如果既有真本事，颜值又高那不是更好吗！她又说，讲是这样讲，本事是可以不断学习进步的，而颜值是天生的，除非美容去，做个假人。颜值、本事集于一身固然好，可是并不多。我说，古代就有不少。如：潘安。他因为漂亮，吃水果都可以不花钱，开水果店也不用投资和流转资金。她说，还有这等好事？我说，不信，“掷果盈车”可以为证。

掷果：掷（zhì，旧读 zhí），抛；投。同“投果”。李白《送族弟凝之滁求婚崔氏》诗：“遥知向前路，掷果定盈车。”（《辞海》）

这个成语在《汉语成语大辞典》列的条目是“掷果潘安”或“掷果潘郎”，我以为都不如“掷果盈车”更贴切。“掷果潘安”就是对潘安投果子或潘安投果子，而“掷果盈车”则表示投到车上的果子多到满出来。《汉语成语大辞典》是这样作解释的：

“掷果潘安”：晋，潘岳，字安仁，貌至美，少时出游，妇女都丢果子给他，于是满载而归，见《晋书·潘岳传》。后以“掷果潘安”比喻美男子。

刘义庆《世说新语·容止》和《潘岳传》都说：西晋著名文学家、政治家潘安，出身儒学、官宦世家。潘安虽为文学家、政治家，然最为知名的则是他的颜值，被誉为“古代第一美男”。魏晋南北朝对男子的审美标准有些特别，喜好才貌双全偏向妩媚，首先要求唇红面白，致使男人施粉、食用美白药物——五石散成了一种时尚。其次要求明眸亮眼。再次是举止优雅、率真脱俗，整个一“小鲜肉”。他的颜值究竟有多高？《世说新语·容止》的表述是“妙有姿容，好神情”七个字，或者“姿容既好，神情亦佳” 八个字。但故事描述得倒很生动：“少时挟弹出洛阳道，妇人遇者，莫不连手共萦之。”说潘安小时候就长得十分漂亮，八九岁就显露出文学天赋，被乡里称为“奇童”，非常招人喜欢，在出洛阳城游玩的道上，只要有女人遇见他，没有不兴奋得手拉手将其缠绕在中间的。用今天的话来说就是，潘安从小就是颜值高的“明星”，是特别受女生追星族喜爱的“万人迷”，以至出门被堵在路上。后来，随着年龄增长，出落得越发风流倜傥，举手投足、一颦一笑不仅令少女仰慕，连中老年妇女也为之倾倒，更成了许多怀春女子“朝思暮想”的“梦中情人”。潘安只要驾车出门，万人空巷，争睹华容，还情不自禁地随行，女人们还纷纷拿出各种水果往他的车上抛掷（也许还抛其他东东），车厢都装不下，由此就有了成语“掷果盈车”还有“潘郎车满”。看来潘安家里是不需要自己买水果的，什么时候想吃了，驾车出去转一圈就行，甚至开一爿水果店都绰绰有余。如果潘安参加个竞选什么的，得票率 90% 以上绝对不在话下。正因为如此，后人形容一个男子长得俊，往往称其“貌若潘安”。既然有这等好事，有人也想驾车出去弄点水果来吃。清代张岱的《夜航船·卷十三·容貌部》记载：“左太冲绝丑，亦效潘安乘车游市中，群姬乱唾之，委顿而返。张孟阳亦丑，每行，小儿以瓦石掷之，满车。”结果，一个被唾了满身的口水，一个则被拍了满车的砖。

客观地讲，潘安这个人虽貌美，但他却并不靠颜值吃饭。潘安的文学水准是很高的，尤其以诗赋见长，与陆机齐名；在家庭、伦理道德方面表现也很不错，是人们的楷模；与之相比，潘安在政治上却不漂亮，甚至可以说相当丑陋，趋炎附势，为人诟病。

成语与他有关的如："貌若潘安""掷果盈车""潘郎车满""望尘而拜""白发悲秋""至情至孝""辞官奉母"和"潘杨之好"，大概有七八个，这大概也算是史上不多的了（孔夫子有 100 多个，西汉的韩信有 30 多个），是否这一切都因为他的颜值就不得而知了，可能吧。

当然，人都是有缺点的，潘安也不例外，他有时也势利。《晋书·潘岳传》说他巴结权贵："……与石崇等谄事贾谧，每候其出，与崇辄望尘而拜。"

潘安中年后，在尽心侍奉母亲的同时为仕途昧着良心，巴结、奉承权贵，投靠外戚贾谧门下，因此获得升迁，当上了黄门侍郎（又称黄门郎）　秦代初置，古代宫门皆黄色，又在宫内供职，故号黄门郎。汉代以后沿用此官职，是皇帝身边之臣，主要传达诏令、协助处理朝廷事务，年俸六百石，着实风光了一把。其母经常告诫他要保持骨气，他却口是心非，不思悔改。由于未从母愿，贾后专权十年后发生"八王之乱"，贾氏倒台，潘安也因此受牵连，被杀于洛阳东市，落得个身首异处还株连三族的可悲下场。回想当初他辞官侍亲时对上官的慷慨陈词真是绝大的讽刺，当然这也是他咎由自取。其实，潘安是完全可以靠颜值、靠文字吃饭的，而且还可以吃得相当好，何苦要吃什么政治饭？当然，靠颜值吃饭是吃不长的，其结局也不是吃政治饭的错，而是没有守住底线的错，吃任何饭都有个道德、是非的底线。

潘安在家庭生活、情感世界倒是个“至情至孝”的人，有两个成语可以证明。其一，“辞官奉母”（又称“辞官奉亲”）。晋武帝时潘安任河阳县令，其时潘父已去世，他就把母亲接到任所侍奉。每年花开时节，潘安搀扶着母亲到他自己侍弄的花园里赏花游乐。母亲身体不舒服，思乡心切，潘安便遂母愿辞官归乡，上官再三挽留，他却说，不从母愿何为人子？归乡后，潘安靠种田过了一阵田园生活。为使母亲有新鲜的奶喝，专门亲自喂养了一群羊。在他的悉心照料下，其母不久病愈。其二，“潘杨之好”。潘安虽貌美，心却不花。自 12 岁与西晋名儒杨肇之女杨容姬订婚，婚后更是一往情深，终身相爱。杨不幸早逝后，潘安没有再娶，所作的悼妻诗情谊真挚，缠绵无尽，成为千古佳话。难能可贵的是：潘安既是官二代、富二代，自己还是个不小的官，不仅特有才，还特有颜，女粉无数，竟然没有绯闻，这也是“闻所未闻”了。

终南捷径

——投机钻营蛰伏者的好去处

前几年有一天，参加完家母寿宴回来，女儿又考我了。她说，老人做寿时，小辈都祝愿他们寿比南山。好像有许多山都叫南山，究竟哪一座山才是真正的南山？

我回答，是有许多山叫这个名字，如“寿岳”衡山、陶渊明“悠然望南山”“种豆南山下”的庐山、福建长乐县的南山、重庆南山（古名高梁山）等，真正称寿山的好像是西安南面的终南山，此山还引发一个成语叫“终南捷径”。不过，回答后我还是有些吃不准，查《辞海》得到印证：

终南山：在陕西省西安市南。一称南山，即狭义的秦岭。古名太一山、地肺山、周南山。秦岭主峰之一……相传道教全真道北五祖中的吕洞宾、刘海蟾曾修道于此。

终南山还是周朝首都丰镐二京（长安）城外最著名的大山，被视作圣山，在佛教、道教里都占有很高的地位，《诗经·小雅·天保》：“如南山之寿，不骞不崩。”（意为像南山那样，永远健康万寿无疆）。是故，人们往往将南山同长寿联系在一起，但成语“终南捷径”里的南山实际上同长寿没有一点儿关系，倒是同仕途密切相连。

“终南捷径”：指求名利者最近便的门路。也比喻达到目的的便捷途径。

出自刘肃《大唐新语·隐逸》："唐卢藏用举进士，隐居终南山中，以冀征召，后果以高士名被召入仕，时人称之为随驾隐士。司马承祯尝被召，将还山，藏用指终南山曰：'此中大有嘉处。'承祯徐曰：'以仆视之，仕宦之捷径耳。'"（《汉语成语大辞典》）

古代有些文人为避世俗，到深山老林一心读书养性，不和外界接触，人们觉得他们淡泊名利、品德高尚，称他们为隐士。此举往往反而使其声名远扬，上门求教者络绎不绝，官府也不惜"三顾茅庐"请之出山为官，以博得尊重人才的美誉。有个叫卢藏用的人虽中了进士却一直未得朝廷任用，于是卢进士公开宣告要当隐士，不久还真进了终南山。此公身在南山心却在朝廷，时时关注皇上动向，皇上在长安他在终南山修炼，皇上移驾洛阳他就到嵩山隐居，他的所作所为令人不齿，送雅号"随驾隐士"。"功夫不负有心人"，卢"隐士"的良苦用心终于引起了大领导的关注，请出山来，弄了个官给他做，而且还是个不小的官。先后担任左拾遗、修文馆学士、工部侍郎等职。其时卢藏用与道士、曾经隐居天台山的隐士司马承祯因文交好，司马承祯被官家征召在长安做了几年官后，因兴趣、志向不在庙堂，决定重回山野。离京前，卢藏用以自己的经验开导司马承祯：隐居还是终南山最好！司马平时就看不起卢进士的为人，便借机用看似漫不经心的口吻讽刺他说，贫道看来，终南山不过是一心求官者的捷径罢了！据此，生成了成语"终南捷径"。

我从部队到地方，在企业、事业、机关从事过党政工团工作，如果以教官算起至退休有近40个年头的干部经历，各色人等也见过一些。曾见某人久谋副厅级而不得，后经人指点（也许是别人故意捉弄），说是凡欲晋升者必先上井冈山（干部摇篮、星火燎原之地）朝觐方能如愿。此人信以为真，当天下午就找了个“贴心司机”开着小车直奔“圣山”。上海距井冈山千余公里，他和司机轮换着连续驾驶近40个小时，打了个来回，饭都顾不上吃，一路上存在着多大的安全隐患啊。为了这顶“红帽子”，他可真是“豁出去了”！凡知晓此事者，皆羞与为伍。不过，此君比起侍郎卢藏用，则是小巫见大巫了。

这山那山，山还是那座山，人却不知换了多少代。在政治生态不健康、制度建设不完善的情况下，只要当官于己有利可图，动机不良者为了能当上官，种种卑劣手法无所不用其极的现象依然时有上演，古今中外概莫能外。因此，反腐败斗争永远在路上！

铸山煮海

——好大的能耐

除非盘古和上帝，谁都没有能耐铸山煮海的，即使能烧能煮又到哪里去找那么大的炉那么大的锅！所以，铸山煮海只是一种夸张的说法，但其对于国家管理和人民生活的意义却重如山大如海。

铸山煮海：《史记·吴王濞列传》："吴有豫章郡铜山，濞则招致天下亡命者盗铸钱，煮海水为盐。"谓开采山中铜矿以铸造钱币，烧煮海水而获得食盐。后用"铸山煮海"比喻开发自然资源。（《汉语成语大辞典》）

其实这个成语应该把煮海放在前面，因为煮海早于铸山。最早是炎帝时期的夙沙氏发明的煮盐法，在仰韶时期，古人就已经学会了煮海盐。铜和盐历来都是战略物资，是国家的主要经济命脉，因此国家极为重视，一般都由官方垄断。同时由于提炼金属和煮盐利润空间大，盗铸和私煮也从未间断。历史上的改革家管仲、商鞅、桑弘羊、诸葛亮、唐代的杨炎等人以及王安石、张居正往往都以盐和铁作为新政的抓手。盐和铁由国家专营是春秋齐国的管仲首创，影响至今。汉武帝时的桑弘羊重新确立国家专营专卖（也叫"榷"）制度。随着时间的推移，国家管理政策有所松动，到了明清实行盐引、许可制度。这些改革措施都为国家财政收入做出过巨大贡献。在这些改革风云人物中，有一位现在人们已不太知晓、当时却闻名遐迩的金融家值得一提，他就是唐代中期的政治家、经济学家第五琦。第五琦的改革抓手也还是“老花头”盐和铁，不同的是抓法有异。

这个名字是不是好奇怪？是的，“第五”是个复姓，在《百家姓》最末一句，倒数第三个姓，“第五言福”。《百家姓》列入504个姓，其中60个是复姓。“第五”是复姓之一。不过姓“第五”这个姓的人实在太少，据最新全国人口普查数据公布，全国约数千人，以至不少人闻所未闻。“第五”家族可追溯到舜帝，汉刘邦立国后为杜绝秦六国王族后裔们的复国期望，同时也为了增强关中地区的经济实力，实行迁徙制度。强令十多万原王族后裔迁出原籍，指令安置到今陕西咸阳等处生活。其中齐国王族田氏被拆分为八支，并以次第为姓氏迁徙安置。今天除了第五，其他次第的“第一”“第二”等复姓已基本不见，部分“第五”姓也演化为其他姓。第五琦的名“琦”和字“珪”都是美玉的意思。

第五琦（729—799），唐京兆长安（今属陕西）人。字禹珪。初任须江丞、北海郡录事参军，安史之乱时，奏事至蜀中，被玄宗任为江淮租庸使，至德元年（公元756年）加山南等五道度支使，改变盐法为官收官卖，禁止私贩，虽改善了财政状况，但盐价激增。肃宗乾元元年（公元758年）铸造当十的“乾元重宝”钱，次年加同中书门下平章事，又铸当五十的“重轮乾元”钱。后以粮价腾贵，私铸蜂起，贬忠州长使。代宗时复任户部侍郎判度支等职，前后领财赋十余年。（《辞海》）

据新、旧《唐书·列传》称：第五琦，字禹珪，扶风长陵（今陕西咸阳）人，唐中期政治家、财政学家，平定“安史之乱”功臣。14

岁中进士，为官后直言进谏触怒权贵多次被贬。因建言筹资，为平定“安史之乱”立下功劳而深受唐肃宗信任并委以重任。先后担任江淮租庸使（中央驻富裕地区税务专员）、盐铁使、粮料使、铸钱使（中央银行行长）、户部侍郎（民政部副部长）兼京兆尹（首都市长）等要职。第五琦为官以清廉、公正、干练、执行力强著称，为了给捉襟见肘的中央财政增加平叛军费，第五琦经皇帝批准采取发行新币兑换旧币的办法。铸“乾元重宝”，以一当十限期兑换“开元通宝”，后来的重轮钱更是以一当五十兑换。换句话说，就是提高新币面值，短时间内就筹措了足够多的资金，保证前线开支。因此与军事将领郭子仪一起被评为平叛功臣。币制改革虽然短时间内增加了国家收入，但是后遗症也十分明显。以小换大、以少换多导致货币贬值，物价飞涨，民间假币成灾，怨声载道。平叛战争后，国家不得不再次花费时间和精力整顿经济秩序。第五琦的做法是不得已而为之，或者说是战时货币政策，他的税收“什一法”（按总收入的10%收税）和他创立的“榷盐法”（国家专营）在制止乱收税、乱收费和取缔私盐、盐业官产民销方面开始还是蛮得人心的，特别是“榷税”保证了国家的巨额财政收入。

第五琦的为人为官一如其名其字：洁白如美玉。既有玉的智、仁、义、信、礼五德又有玉坚刚而有润的特质，真可谓瑰意琦行，体现了高尚美好的思想和言行，死后被追授太子少保。如果说，人们可以不知道成语“铸山煮海”，但应该知道，特别是从事金融、财政专业的人士更加应该知道，历史上有位一生守身如玉的财政学家第五琦。要能像他一样当家理财，“不做假账”；像他一样地做人做事，一定能青史留名，光照千秋。

佐雍得尝

——帮厨有好处

上海的男人一般在家都承担着做饭的任务，而做饭也是对子女对家爱的最好体现。因为做饭时，你自然而然就会考虑他们喜欢吃什么，什么有营养。如果做饭时有人陪着打打下手，那就更好了。有个讲做饭的成语“佐雍得尝”，说帮忙做饭的好处可不是一点点。

佐（zuǒ）：1. 辅助；辅助的人。《周礼·天官·大宰》：“以佐王治邦国。”2. 副职。3. 劝。

雍：通“饔”。《国语·周语下》：“佐雍者尝焉。”韦昭注：“雍，烹煎之官也。”（《辞海》）

（我理解，“雍”在饭店宾馆就是厨师长、主厨。）

“佐雍得尝”，《国语·周语下》：“佐饔者尝焉，佐斗者伤焉。”韦昭注：“饔，烹煎之官也。”后因称助人为善者得善报为“佐饔得尝”。（《汉语成语大辞典》）

北齐颜之推《颜氏家训·省事》也说：“王子晋云：‘佐雍得尝，佐斗得伤。’此言为善则预，为恶则去，不欲党人非义之事也。”两处都告诫人们，助人做善事会有好报，帮人打架自己会受伤，也不要和拉帮结派的人做不合法不合理不合情的事。

这个事发生在公元前的东周。周灵王的太子叫王子晋，他从小就痴迷于道学，虽贵为太子却清欲寡欢，他曾劝说父亲“佐饔者尝焉，佐斗者伤焉”。17 岁时四处游历，后来在嵩山修炼。13 年后的“七夕”，有人看见他骑着鹤吹着笛飞到天上去了。

成语“佐雍得尝”的意思十分明了：帮厨师做饭可以尝美味。现在的解释比古人文雅了许多，很有些“高大上”，叫作“赠人玫瑰，手留余香”，弥漫着文艺青年的浪漫。实际上，此话并没那么复杂、深奥，“佐”是帮助的意思，“雍”是厨师，“佐雍”就是帮厨，“得尝”就是得到利益，“佐雍得尝”就四个字：善有善报。

我在部队时帮厨是经常的事，特别是过年过节会餐，或者临时就餐人数增加，炊事班人手不够，就需要从各个班、排派几个公差。帮厨与当炊事员是两个概念，帮厨是临时性的半天或一天最多几天，而炊事员则至少半年以上，一般都是作为培养对象才有资格去。能进炊事班意味着好事就要来了，部队里所谓的好事不外乎入党或提拔为干部（“文化大革命”那会儿军事院校还没有恢复，军官直接从表现好的士兵中提拔），这已经成了一种惯例。和我同年入伍的一位在机场场务连的上海兵，眼见三年役期已近尾声，数度申请入党未见反应，便主动要求进炊事班表现表现，以“镀金身”（指用积极上进的身份包装自己）。很快半年过去了，不仅指导员从没单独找他促膝谈心以提高思想，连积极分子旁听党课也没人叫他，连队晚点名公开批评倒是有一回。那是他有一次做早餐熬粥时偷偷放了几个鸡蛋在锅里煮，不料冷鸡蛋遇上热粥爆得满锅都是蛋黄，开早饭全连官兵拿他好一顿开涮，有说是“黄金粥”的，也有说是“蛋花粥”的。我没有进炊事班，帮厨有过好几次。依我的亲身经历体会，“佐雍得尝”大致有五个好处：

其一，能“多吃多占”。“得尝”是品尝，品尝就是吃，王子晋说得够直白了。厨师品尝另当别论，因为“佐雍得尝”说的是帮厨。即使是20世纪60年代初的困难时期，或者是改革开放前，品尝不属个人计划指标内，品尝一口实际上就是多吃一口。所以在那段时间，各种试用、品尝曾是权贵的专属之一。

其二，闻菜肴之香。一般来说，闻美味、尝美食、观美景，只要和美有关的人和事总会令人心情愉悦，即使是再普通的伙房再低廉的食材，只要油锅一开，“刺啦”一声，立刻香气四溢，垂涎欲滴的体验也是一种享受。

其三，免去了繁重的工作和紧张的勤务。相比较而言，炊事班的帮厨工作比连队执勤要有规律也轻松些，炊事班长一般也不会让帮厨的战士去喂猪、施肥种菜，那自会有培养对象抢着做，你想做还不一定轮得上，技术活儿也自有炊事员干，帮厨的就打打下手，做点辅助性的活儿，所以比较轻松自在。

其四，能学到些简单的厨艺。包包子、捏饺子这些活儿我就是在帮厨时学会的，成家后做家务用得上。

其五，能为自己塑造“人设”。既然伙房的活儿并不累，帮厨的就没有必要把自己的力气留着。开完午饭，闲着没事，我那会儿又没有午睡的习惯（大西北作息时间规定午睡到下午3点），就一个人拉出水管把连队的菜地全给浇上一遍。这种帮厨也就不多的几次，每次帮厨我都如此操作。巧的是，这种行为让我们后勤部的首长看见了，就问我的领导，这是哪儿的兵，入党了没有？领导回答，报告首长，他是上海兵，刚从教导队回来，还没有入党。首长说，我看他不像个上海兵，你们抓紧培养。据说在部队、在外省市人的眼里，“不像上海人”是对上海人最高的认可和评价。就这样，我没有经过预备期就直接成了中国共产党的正式党员（那几年，入党是不设预备期、考察期的），那年是1977年的3月，我刚22岁。

当然我能入党不仅仅只是靠那几次给菜地浇水，如果浇水可以浇出党员来，那我那位战友早就去浇了。但是，入党又确实是需要培育需要“浇灌”的。

“佐雍得尝”看似因果报应，实质是劝人向善，关键是要能够发自内心地“佐”，用心用劲地“助”，而不去光想着能不能“得”，得什么，得多少。“佐雍得尝”（帮厨）能有我归纳的五方面好处，那么“雍”（独立做饭）的好处真是大了去了。对我们这些已经退休的人而言，起码益智，有助降低老年痴呆的概率。

八拜之交

——到底是哪八拜呢

20 世纪八九十年代人们相互间交往中，风行交换名片，哪像现如今这样方便：加个微信。那时，我也不能免俗，累积的名片竟然达数百上千张之多。退休前整理办公桌抽屉，发现大部分都已想不起谁是谁了，而真正称得上是朋友的反而都是没有名片也不需要名片的。由此我记起了过去在我交往中经常听到的一个成语：八拜之交。

八拜之交：古代世交子弟见长辈的礼节。邵伯温《闻见前录》卷十："公（文彦博）至北京，李稷谒见，坐客次，久之。公着道服出，语之曰：'而父，吾客也，只八拜。'"又后世称异姓结为兄弟的为"八拜之交"。这是《辞海》的解释给出的"八拜"的出处（原文后面还有一句"稷如数拜之"。没有列入）不过，还是没有说为什么要八拜。

《邵氏闻见录》卷十记载：文彦博听说李稷待人非常傲慢，心里很不爽，对人说，他父亲早先是我的门客，他是我的晚辈，有什么好牛的！文彦博任北京守备时，李稷听说后登门拜见。文彦博故意让李稷等了好久才出来。见面就说，你父亲曾是我的门客，你就对我拜八拜吧。李稷没办法，只能拜了八拜。

从这个典故可以看出"八拜之交"的原意并不是我们现在理解的感情深厚的朋友，而是感情一般般，"八拜"也只是不得已而为之的逢场作戏的礼节。"八拜之交"的"交"即结交朋友，"朋"这个字是两块肉合在一起，很容易使人想起“酒肉朋友”。《辞海》对朋友的解释是：（1）《周礼·地官·大司徒》：“五曰联朋友。”郑玄注：“同师曰朋，同志曰友。”亦泛称相交好的人。从郑玄的注我们得知，朋友是有区别的，在一个老师门下一起学习的叫作“朋”，也就是“同学”；有共同的志向在一起的才叫“友”，叫“同志”。

那么，“八拜之交”是怎么演变为今天的意义的呢？我以为大概三个原因：

其一，中国是礼仪之邦，很早以前就十分讲究做事的仪式和程序。而结交朋友是一件十分严肃的事，因此必须要经过一定的形式和程序。这个形式就是拜。

其二，八拜是向天地的八个方位行礼，即东南西北和东北、东南、西南、西北。通过这种形式把两人（或多人）结为朋友的事向世人宣告，也就是天地可鉴、日月为证。行了如此隆重大礼的朋友从此便将荣辱、贫富等联系在一起，视为利益共同体，甚至生命共同体。

其三，正因为“朋友”是“泛称相交好的人”的内涵比较多，比如“半面之交”“君子之交”“杵臼之交”等，因此交友要有个导向，而这个导向又必须体现中华文化的价值追求，所以古人就选取了八个“朋友”典型，供朋友们效仿。

1. 管鲍之交。春秋时，管仲是个穷小子，鲍叔牙是富家子弟又是士大夫，在合伙做生意中（干部经商古已有之），鲍始终对管信任，不受人挑唆，还让管仲多得。两人各为其主后，鲍叔牙襄助的小白齐桓公登大位后，坚持举荐效力敌手的管仲为相。

2. 知音之交。春秋时期俞伯牙是大夫，钟子期只是个樵夫。因为琴把他们联系在了一起，钟子期死后，俞伯牙因为没有了知音就把琴给毁了。

3．刎颈之交。战国时廉颇和蔺相如有隙，蔺相如大度谦让，引发廉颇“负荆请罪”。

4．舍命之交。战国末，左伯桃与杨角哀相约同途自荐领导谋官，途中遇暴风雪，由于后勤保障做得不到位，眼见将冻饿身死。杨角哀毅然脱下自己所有的衣物取出仅有的食物给左伯桃，让他继续求官，自己在树洞中被冻饿至死。后来，左当了大官，梦见杨在阴曹地府受欺负，就自杀死后去了阴间为杨打抱不平。

5．胶漆之交。东汉陈雷和雷义多次互相推让“举孝廉”，后来一起上任，蒙罪时又互相抢着担责，一起辞官回乡。

6．鸡黍之交。东汉时，范式和张劭是好朋友。两人相约两年后在张劭的家碰面，由其母亲用“鸡黍”（典出《论语·微子》，指招待客人的饭菜）招待。没料想两年后张劭死了，范式如约前来，张劭得以顺利落葬。

7．忘年之交。孔融50岁时与相差近乎两代人、20岁不到的祢衡结为朋友（祢衡的死也同孔融有关）。

8．生死之交。就是“不求同年同月同日生，但求同年同月同日死”的“桃园三结义”的刘关张。

因此，我理解“八拜之交”，就是相互间承诺并宣誓以上述八类朋友为榜样的朋友才配称得上为“八拜之交”。

平原督邮　青州从事

——最早的行业隐语之一

退休以后，我们几个好友隔三差五就要一起吃个饭，说是吃饭，其实是没有饭吃的，只吃菜，加个把点心。俗话说无酒不成席，所以，好酒是不可以没有的。他们都小有酒量，因此，酒酣耳热之际就海阔天空大谈酒以及他们曾经的喝酒故事。这个时候我是插不上嘴的，因为不会喝酒，也没有喝酒的故事，很有些被冷落的感觉。一次，我搜肠刮肚逮着机会问，你们说了这么多酒，有谁知道"平原督邮"和"青州从事"的区别在哪里？看到哥儿几个面面相觑，我心里颇有几分得意，故意心不在焉地说，不知道吧！我告诉你们，"平原督邮""青州从事"是成语也是隐语，而且是关于喝酒的隐语……

平原：古时郡国名。督邮：古官名。《世说新语·术解》："桓公（桓温）有主簿善别酒，有酒辄令先尝，好者谓'青州从事'，恶者谓'平原督邮'。青州有齐郡，平原有鬲县。从事，言到脐；督邮，言在鬲（膈）上住。"后用"平原督邮"喻指劣酒。

青州：古州名。从事：古官名。后用"青州从事"喻指美酒。（《新华成语词典》第2版）

这两个成语能成为隐语是利用了"齐、脐""鬲、膈"的谐音。齐与脐同音，好酒喝起来酒力像一条线直达脐部，如果他试喝下来觉得有这个感觉，说明酒好，就会叫一声：青州从事；如果一喝，膈得慌，觉得堵（督）在心口，当属不好，就唱一嗓子：平原督邮。

隐语也就是行话，包括黑话、避讳、比喻、暗号、密码、换一种说法、婉转的表示等，各行各业都有，特别是潜规则盛行的行业，更有必要说行话。这倒使我想起了一则耳熟能详的酒的趣闻，也同隐语有关。

以前，有好酒者清晨来某酒肆买酒。由于刚开门，店主还没有做好开张准备，自己还未及给酒兑水，就给伙计发隐语，想让伙计设法弥补。老板唱喏道："瓦屋檐前一点无！"其实这伙计是个勤快人，已经在昨晚就给酒兑了水，为使老板放心，他连忙回应道："北方壬癸早调和。"谁知买酒人是个聪明人，听懂了主仆二人的对唱隐语，心想赶早来就是要买点儿未兑水的纯真老酒，未料想酒里早已兑了水，不买也罢。于是转身向对面酒肆走去，边走边唱："有钱不买金生丽。"老板一听赶紧将其拦下，心想送上门的头笔生意可不能就这么放过，便厚着面皮笑着接唱："对门青山绿更多。"意思是说，都是加过水的酒，他家添的水比我家添的还要多，你不如就在我这儿买吧。这段趣闻四句唱词都很巧妙，每句都带一个水字，却都被隐了去。第一句是民谚："瓦屋檐前水，点点不离涡。"老板只唱前四个字。伙计的第二句同"五行"有关，五方中属水的是北方，壬癸属水，所以北方壬癸的意思很明白就是水。顾客的第三句源自《千字文》中的"金生丽水，玉出昆冈"。意为金子产自云南丽江，美玉出于昆仑山冈，他也只说前三个字，避开了水。第四句是常用俗话，老板同样隐去了水。

"平原督邮"和"青州从事"是我所知的有书面记载的最早的行业隐语之一。

主簿、从事、督邮都是古代官名，但具体工作有所不同，级别有高低，分工有繁简，权力有大小、责任有轻重。主簿是各级主官属下掌管文书档案和大印的佐吏，类似今天的秘书长、副秘书长、机要秘书之类；督邮是太守的代表，郡佐使，每郡有若干部，每部设一督邮。负责上情下传、下情上达，督送邮书，兼捕快、录押囚犯、纠举违法、宣布敕令、审理诉讼等工作；从事则相当于主官的助理，完成领导交办的任务。

齐桓公姜小白的主簿很善于鉴别酒的好坏，每当有酒送来或者宴席开喝前，往往都由这位大秘先做个鉴定。想必该秘书联系地方比较多，所以，他就以地方名称、官员职称的谐音，对应酒的优劣。

一则趣闻和这两个成语说的都是隐语，前者隐去了水，代之以谚语和俗话；后者隐去了酒的好坏，读起来蛮有趣味的。

隐语是一种语言或文字表达的技巧和能力，它的使用不仅要智商高而且情商也要高。希望我们的官场或者职场、酒场再或其他什么场，能多一些“青州从事”，少一些“平原督邮”。

说归说，吃归吃，其实我们在酒席上并不是争什么话语权，也不是争面子，都这个年龄了，又是多年的好友，无非增加一点儿谈资，逗大家一乐而已。

从"再作冯妇"到"冯妇搏虎"——语不同音害人

我年轻时曾当过几天英语教师，主要任务是帮助学员纠正发音。因此，当我在海归女儿面前偶尔必须使用英语单词时，便刻意注重起音准和语音、语调来。但往往弄巧成拙。如：澳大利亚与奥地利两个国家的国名，英文书写有几分相似，一个是Australia（澳大利亚）、一个是Austria（奥地利）。她见我很吃力的样子，很体谅地对我说："其实没关系的，只要你自己能分清别人就一定能听清。"我说："有关系的，弄不清等于鸡同鸭讲，轻者闹笑话，重者害死人。'再作冯妇'中的'冯妇'就是因此而不明不白地死掉的。"

语不同音，是指同一个字、同一个词因地域等因素不同，而发不同的音（字同而音异）；反过来说，亦指不同的字或词因地域及其他因素不同却发相同的音（字异而音同）。换句话说，一般来讲，同一个字、同一个词不能因为区域不同而发不一样的音，而不同的字、词不应该发相同的音（多音字、同音字除外）。

先说"再作冯妇"（又作"下马冯妇"）这个成语。

《孟子·尽心章句下》："晋人有冯妇者，善搏虎，卒为善士；则之野，有众逐虎，虎负嵎，莫之敢撄；望见冯妇，趋而迎之，冯妇攘臂下车，众皆悦之，其为士者笑之。"赵岐注："其士之党笑其不知止也。"后称重操旧业的人为"冯妇"。（《辞海》）

我的译文：晋国（今山西、河北南部）有个猎户叫冯妇，擅长打虎，后来不知怎么也许是良心发现，不干了，不仅成了一位环保主义者而且成了举止温文尔雅的雅士。有一次，冯妇外出遇见众人追逐老虎，虎已被逼入山脚旮旯儿，可就是无人敢上前近身搏斗；众人看见曾经的“打虎英雄”冯妇路过，就迎上前来请冯妇帮忙。冯妇下车撸起袖子和虎搏斗起来，最终降伏了老虎，大家非常高兴。但士人（知识分子、读书人）却不高兴了，讥笑冯妇斯文扫地又回到了以前猎人那种粗鲁的样子。这就是“再作冯妇”的由来。

在此不讨论“再作冯妇”的是非曲直，只是感慨后来因为字异而音同，使这样一位能文能武的打虎英雄、精神文明的楷模稀里糊涂地葬身火海，死在异国他乡。这是怎么回事呢？

这是冯妇成名以后的事，也是个寓言故事。明代刘伯温所著的《郁离子·卷五·冯妇搏虎》书里说：东瓯（今浙江温州及周边地区）人把“火”叫作“虎”，都读作“hū”（今天江浙一带人仍然这么读），“火”“虎”不分，两者一个音（即字异而音同）。那时东瓯国的人还不会烧制砖瓦，盖房均用茅草，因此火灾频发，百姓深受其害。东瓯有个商人在山西做生意，听说当地有个叫作冯妇的人，善于搏虎（商人以为是“扑火”，救火的意思），所到之处“虎”（火）纷纷避让，是个搏虎（扑火）英雄。商人高兴万分，回到东瓯立即将此大好消息禀告国君。东瓯国君听后也大喜过望，当即备下马四十匹、白玉两双、文锦十匹等礼物，令商人作为使者赴晋聘请冯妇为“扑火专员”。冯妇以为东瓯国是请他去搏虎，为民除害是好事，便义不容辞且非常愉快地接受了聘书。上任那天，东瓯国组织了盛大的欢迎仪式，国君亲自到城外迎接，还让冯妇坐在自己的左首位置（中国礼仪以左为贵），一起乘车送抵宾馆。巧的是，第二天城内就有火灾发生，人们马上报告冯妇：着火啦！着火啦！！冯妇听说有虎，立马捋袖伸臂冲出门外，问道：虎在哪里？虎在哪里？？寻了半天，不见虎影！没想到“虎”（火）却来找冯妇了。此时城内的星星之火已呈燎原之势，连向皇宫、街面的店铺逼近。满怀希望的东瓯人都以为火是怕冯妇的，于是不由分说把冯妇推进了火海，熊熊烈焰很快就吞噬了他。可怜晋国的一代搏虎英雄、东瓯人以为的 “扑火”英雄就这样莫名其妙地葬身在异国他乡的火海。

搏虎（扑火）英雄死了，深受“语不同音”之害的人们开始了统一语言的种种尝试。始皇帝统一六国后，第一次以国家名义实施“车同轨、书同文”等政策，原来也想着“语同音”，只是因为种种原因特别是一方水土养一方人和封闭的乡土观念，致使两千多年后的今天，虽然1956年推行普通话，也取得了很大的成绩，不少区域间的人们还是“语不同音”。中国是个幅员辽阔、区域性差别很大的国家，形成了众多各具地域特点的方言。比如我们说“我”，陕西人说“厄”；说吃饭，广东人说“洽饭”，潮汕地区的人则说“呷绷”；北方人说猪，江浙一带的人说“彘”（zhì）；一个福建人你让他说：我是福州人，他一定会说成：我是“湖州”人；说开会，他一定说成“开费”；把坐飞机说成坐“灰机”，等等。正因如此，语同音是一个漫长的过程。

这种现象不仅在我国，在国外也有存在。《圣经》里就有，人们在建造通天塔时，上帝为了破坏人类的计划，就打乱人类的语言体系。难不成“语不同音”果真是上帝的安排？（注）

据统计，今天世界上 70 多亿人约使用 5600 多种语言，其中 75% 以上是无文字的语言。100 万人以上人口使用的语言有 19 种，使用国家最多的语种是英语。在一个国家内使用语种最多的是印度，达 845 种。为方便世界各国间的联系、沟通、交流，所以，联合国确定汉、英、法、俄、西班牙、阿拉伯六大语种作为工作语言。

我国语言学家周有光说，我国有 56 个民族，有 80 多种彼此不能相通的语言和地方方言。中国社会科学院民族学与人类学研究所编写的《中国的语言》收入方言 129 种。总的来分，我国分为八大语系，或称八大方言区，又分诸多分支、小片，甚至一个方言小片（点）因东西南北中地域不同，也会有语音的不同。语言、方言是一个民族、族群的符号和特征，在语言、语汇、语法上的差异性很大，其中语音的差异性尤为突出。

也许人们都有过这种经历，外出久了，哪怕你官再大、钱再多，回到家乡不讲家乡方言就被认为是忘本，就会以“不肖子孙”而受到乡亲们责骂。方言强化了地域、小团体观念，潜意识里是一种分散、分裂，在经济、政治、文化上的弊端很明显，虽然方言属于需要保护抢救的文化之一，但是抢救保护的是历史，而历史是有传承的，传承又是包含着趋同和创新的。相信总有一天，地球村的所有村民都讲一种语言。

这个成语引发的女儿之言我觉得很有哲理：你自己先要分清，自己分清了别人才能听清。冯妇和瓯国人都是首先自己没分清，结果损失惨重。

注：《圣经·旧约·创世记》第十一章巴别塔记载，原先世界上所有人类都使用同一种语言。当上帝看到人类建造的通天塔越来越高时，感觉到了对自己的威胁，于是用计谋搅乱了人们的语言，使人类相互之间再也无法正常沟通，陷入了混乱，通天塔也因此而中断修建，最后倒塌。

乐羊嗫羹　司马子期　乐羊子妻

——三个易被混淆的人

“乐羊啜羹”和典故《中山君飨都士》里的司马子期，以及“乐羊子妻”的主人公常常容易被人搞混，就连知名军史作家、记者、新浪《史客》系列总编萨苏（本名弓云），在他 2020 年 2 月出版的《萨苏不信史》一书第 298 页第一行至倒数第二行也免不了出错：“中山灭国已经两千多年了……在乐羊灭中山之后（即‘乐羊子妻’典故中的乐羊），中山还曾经挣扎了很长时间。”我估计萨苏同志应该没有错，可能是排版时将“司马子期”排成了“乐羊子妻”，也可能是将“乐羊啜羹”排成“乐羊子妻”，校对时又因一时大意没有校对出来的缘故。

为使大家清晰地了解历史上这几个人的关系，请看关键词：

<table>
<tr><th>名称</th><th>性别</th><th>年代</th><th>所在国家</th><th>职位</th><th>主要事迹</th></tr>
<tr><td>乐羊啜羹</td><td>男</td><td>战国时期
公元前 408 年前后</td><td>魏国</td><td>大将军</td><td>打败中山国</td></tr>
<tr><td>司马子期</td><td>男</td><td>战国时期
公元前 301 年前后</td><td>中山国</td><td>大夫</td><td>叛变助敌灭中山国</td></tr>
<tr><td>乐羊子妻</td><td>女</td><td rowspan="2">东汉</td><td rowspan="2">梁国</td><td>家庭主妇</td><td>贤惠贞洁</td></tr>
<tr><td>乐羊子</td><td>男</td><td>丈夫
（书生）</td><td>吃软饭 傍妻</td></tr>
</table>

从上述关系中可以看出，“乐羊啜羹”中的“乐羊”“司马子期”与“乐羊子妻”分别相隔百年数百年。因此，东汉的一个家庭妇女的

老公乐羊子或者是“乐羊子妻”本人，是没法穿越回战国去灭中山国的。（中央电视台六集纪录片《中山国》，讲述了中山国两三百年从崛起到灭亡的故事。）

先说“乐羊啜羹”，其实应该是“乐羊啜子羹”（乐羊喝儿子的肉做成的羹），简称“乐羊啜羹”。

《辞海》记载名字叫乐羊的只有一位。

乐羊，一作乐阳。战国时魏将。因翟璜推荐，被魏文侯任为将军。魏文侯三十八年（前408年），他越过赵国进攻中山，三年攻克，封于灵寿（今河北平山县东北）。子孙世代为将，乐毅是他的后代。（“乐羊啜羹”就是在攻占中山国过程中的一个故事。）

乐羊的儿子乐舒在中山国也是将军。父子俩老子为他国效力，儿子在家乡为祖国效命。

啜（chuò）：1. 饮、吃。2. 哭泣时抽噎的样子。

羹：用肉、菜等做成的汤。

《战国策·中山策·乐羊为魏将》记载：约公元前408年前后，中山国由第二任国君武公当家，中山国任将军的乐舒是乐羊的儿子。国力强盛的魏国，以乐羊为大将征伐国力较弱的中山国。为瓦解危机，乐舒自告奋勇几次孤身入魏，劝说其父退兵，被骂回。乐舒不愿背叛中山国又不想与父亲对阵疆场，就自杀了。乐舒死后，中山国便把他的肉做成羹，派人送给乐羊，想以此扰乱乐羊的情绪，吓退魏国大军。乐羊为表达对魏的忠心和战胜中山的决心，也为稳定军心鼓舞士气，同时也为了辨别是不是儿子的肉做成的羹，当着将士的面，一抬头一仰脖，端起那碗羹一啜而净，完了还悲愤地说：真是吾儿的肉啊！将士们见此，义愤填膺，誓与乐大将军一起报仇。中山国见状，十分恐惧，被打败灭国后，举国流亡他乡（尽管如此，乐羊花了三年时间才打下中山，少数民族白狄部落后裔的战斗力之顽强剽悍，可见一斑。后来，中山国在第三任国君中山王厝的领导下东山再起，于公元前 380 年后达到鼎盛，在今河北平山县三汲乡建立都城灵寿。传说新都长四五公里，宽 4 公里，规模约有 20 平方公里之大。中山国的人口达 100 万之多，方圆 500 里。中山国直到公元前 296 年才被赵所灭）。大义啜子羹的魏国乐羊灭了中山后，却被解除了兵权。因为魏王夸他忠诚的时候，有人敲边鼓挑唆：能吃亲生儿子肉的人还有谁的肉不敢吃！于是，立了大功的乐羊只能被边缘化了。中山国被灭后挣扎了百余年（也就是萨苏说的“挣扎了很长时间”，同东汉的乐羊子妻毫不相干）后，才有了大夫司马子期为了一碗羊羹，叛投楚国灭中山国的故事。

再说中山国的大夫司马子期。

《战国策·中山策·中山君飨都士》记载：中山国曾是排名齐、楚、燕、韩、赵、魏、秦后的战国八强之一（七国属万乘之国，中山属千乘之国），因其祖先白狄部落迁入中原的同时，也传入了高超的酿酒技艺，以“能歌善舞、多美女”享誉列国，据说所酿之酒能“一醉千日”，国君时不时就开个酒会。中山王有一次开“派对”，各路精英受邀出席。大夫司马子期虽性情孤傲，人又长得丑，却因父亲司马憙是现任相国而牛气冲天，受邀后因姗姗来迟而没有吃上羊羹，一怒之下就串通父亲携带机密文件叛投楚国，引楚军重创了中山，中山国君只能流亡他乡。楚惠王时，大司马白公胜作难，已为楚昭卿的司马子期被斩杀于朝（当然这都是后话）。

不过，学界认为此系误传，除了《战国策·中山策·中山君飨都士》以外，其他史册均未有记载。楚在南方，中山国在北方，中间隔着晋国和齐国。中山国的国君是哪一任也没说，只说是中山君。实际上，故事应该发生在中山国第六任国君妾雌执政的时候，司马子期父子叛投的应该是赵国而非楚国。从公元前307年到公元前296年的12年间，赵国就五伐中山。公元前305年，赵占领了中山国三分之一国土，中山只能割地求和，赵也因为无法控制中山腹地而暂时撤军。公元前301年，发生了司马子期没有吃上羊羹而叛变的事件。赵武灵王见司马子期来投立刻率军十万，在司马子期的得力相帮下大获全胜，中山王逃亡齐国。公元前300年中山王死了，赵国为便于管理，扶持尚为傀儡。公元前296年，赵干脆废了中山国君，尚王只能迁往200多年前中山国的祖先白狄部落从中西亚东迁的落脚地——肤施（古延安府首县；今陕西省延安市主城区），至此，一个200多年间三起三落、跻身中原八强的外来部落、曾经繁盛一时的中山国灰飞烟灭了。至于《史记》中为什么没有中山国的记载，我揣摩是两大原因：一、中山国是外来民族，非正统；二、作者的司马氏祖先在中山国有不齿记录。当然我等在此不作探讨，就事论事。

东汉的“乐羊子妻”又是怎么回事呢？

乐羊子：东汉人名，又名乐羊、也称洛阳子（“子”是古时候对男子的尊称，乐羊是洛阳人，所以有洛阳子之称。据说乐羊是东汉名将，不过史书上查不到他的痕迹）。

乐羊子妻：就是乐羊子的妻子。

“乐羊子妻”是指品行高尚、性情温婉、深明大义、德行持重、勤俭持家、恪守妇道的妇女榜样。

其实这里并没有乐羊子什么事，充其量乐羊也就是个配角，因为“乐羊子妻”讲的是他的妻子，只是因为古时候妇女地位低，乐羊的妻子没名没姓，便以“乐羊子妻”代之。《幼儿故事》里的“半途而废”说的就是乐羊子妻的故事之一。

《后汉书·列女传》有关于她的人物传记，用“劝夫拾金不昧”“劝夫攻读”“劝婆婆不贪小”和“以死抗辱”的四个故事塑造了一位知书达理、勤劳贤惠、孝敬婆婆和保持贞洁的古代封建女子的典范形象。

《后汉书》是这么写的：乐羊子妻，不知姓氏，东汉梁国谷上（今河南虞城县谷熟镇）人。有一天，乐羊在路上拾到一块金饼（比金币大的金块），很高兴，回家后就交给妻子打算做点儿生意补贴家用。妻曰：“妾闻志士不饮‘盗泉’之水，廉者不受‘嗟来’之食，况拾遗求利污其行乎！（有志气的人连名声不好的水都不喝，廉洁的人不接受“恩赐”的食物，更何况你是想用捡来的金钱做本营利，你不觉得你的行为可耻吗）”。乐羊子听了很觉惭愧，就把拾到的金饼还到捡金的路上，然后就出远门拜师求学去了。

一年后，因为思念家人心切，乐羊中止学业跑了回来。正在织锦的妻子问，你的学业完成了吗？乐羊说，没有。妻子又问，那你为什么半途而返？乐羊回答，时间长了想你和老娘，没别的。他妻子听了后二话不说，拿起剪刀就把织机上的锦剪断了。乐羊很惊讶，只听他妻子很严肃地说：“此织生自蚕茧，成于机杼。一丝而累，以至于寸，累寸不已，遂成丈匹。今若断斯织也，则捐失成功，稽废时日。夫子积学，当‘日知其所亡’，以就懿德；若中道而归，何异于断斯织乎？”

这情节这番话几乎与成语“孟母断杼”里孟母教育孟子的话一模一样。意思是：这织布机上的锦从蚕茧开始，抽成丝，构成经线和纬线再经过梭子反反复复地织造才成形。从一根丝开始，逐渐织成寸，一点儿一点儿才织成尺，织成丈，织成匹。今天这锦剪断了不仅葬送了即将完成的织锦成品，还浪费了许多大好时光。你的学业也是如此，应该每天学习新知识，日积月累，以此成就自己的学业和美德；假如半途而废，和这剪废了的织锦又有什么区别呢？听了妻子的话，乐羊羞愧不已，也非常感动。于是他立刻返回老师那里继续求学，七年没有返乡，终于获得了毕业证书。

乐羊在外求学的某一天，邻家的鸡不知怎么走错了门，进了乐羊家的园子，乐羊的母亲因为贫困起了贪念，就抓来杀了，煮熟了正准备吃的时候，乐羊的妻子流下了眼泪。婆婆觉得难以理解，就问她怎么了。乐羊的妻子用自责的口吻回答，都怪我太没本事，使得家里这么贫穷，连吃一只鸡都是别人家的（俗话“不孝有三”中，其中有一大不孝是：长辈有错而不指正，导致长辈犯更大的错，甚至犯罪。当然，这种纠错有方式方法的问题，乐羊的妻子这种尽孝方法是明智的，“长辈有错善意纠”是为一大孝）。婆婆听后，知道自己错了，却又无勇气登门道歉，就把煮熟的鸡偷偷扔掉了。

后来有个强人想霸占乐羊的妻子，就劫持了她婆婆作为人质，她拿起刀就冲上去抗争。强人威胁说，你放下刀，如果听我的话，我就放了你婆婆，不然我就杀了她！乐羊的妻子大义凛然，毫不犹豫，手起刀落抹了自己的脖子，强人见状竟惊骇地放开婆婆逃走了。太守大人得知后，义愤填膺，马上派捕快擒获了强人，砍了他的头，还赐给乐羊子妻的婆婆缣帛（类似锦旗的奖状），以示慰问和表彰，并以官方名义为乐羊子妻举办了隆重的葬礼，立了“贞义”牌坊。

相比品德高尚、洁身自好、坚守节操的妻子，乐羊子真的很难称得上是一个合格的男子汉，既不能养家给妻子老母幸福生活，又不能给妻子老母以安全感，不知他在外求学七八年的开销从何而来，总不会勤工俭学吧！窃以为，东汉乐羊是个“吃软饭”的渣男，是个“三靠”妻子的人：一靠妻子勤俭持家孝敬老娘；二靠妻子教育开导走上求学之道；三靠妻子的美德而得以青史留名。依愚见，这个成语应该改成“乐羊傍妻”才好，如真这么改了，意思也就变了，不知如此评价是否恰当。

上述三个人名之所以容易搞混，是因为其中有两个乐羊，两个音同的“子期”和“子妻”，所以，我们在工作、学习、生活时务必仔细，轻则闹笑话出点儿洋相，重则犯错误噢。

后记

上海辞书出版社2011年第三次印刷出版的《汉语成语大辞典》收成语近2.5万条。我的上述笔记只列出60条，总共涉及成语百余条，在知识的汪洋大海里只是一朵微不足道的小小浪花。即使对于这小小浪花的理解，历来人们也是仁者见仁、智者见智，更何况知识的海洋又是那么浩瀚，而我们的人生却又是那么短暂，接受知识的能力又是那么有限。这本笔记虽带有较强的主观性和自我娱乐性，但也不乏一定的严肃性（就笔者的主观态度而言），因为文化是神圣的。有些成语只有做过比较，你才会对它的理解更加深刻。比如“信马由缰”和“信马游缰”（笔记中我未收录），虽然差别不大，可我还是较喜欢后者，因为它不受主人和马的约束，完全自由，任意游荡，反映出来这种悠闲是纯自然的；而前者则偏重马缰的自由，并且这种自由还是由马背上的人控制的。

也许是因为不断出现的网络新词汇已经成为前浪与后浪之间语言、文字交流的关隘而给了自己刺激和感慨，添了些许愁绪，也就有了些许杞人忧天，担心祖宗创造的、如此优美的词汇在信息社会里逐步淡出人们的视野，被历史湮没。因此，我的《成语笔记》能面世并与读者见面，不仅是我个人的荣幸，也算是我对中华文化的传承尽了一点点绵薄之力。

需要说明的是，我不是专业研究文字的人，更不是研究历史和文化的人，难以用专业学者的视野和严谨的态度对所摘录的成语一一进行考证，因此受此影响及能力、精力所限，为备女儿查考而做的上述笔记难免错误种种、缺陷多多。只是完全出于对我们民族文化的热爱，才有了这本小小笔记，恳请读者在海涵的同时指点一二，当不胜感激。

最后，我要感谢笔记里提到的儿时伙伴和同事，是他们给了我写作的灵感和素材。不论他们曾经怎样做，总有他们的理由。正所谓：前世五百次的回眸，才有今生的擦肩而过。今生能作为小伙伴，作为战友、同事，前世该回了多少个五百次的眸啊！更何况许多时候，人与人之间，并没有那么多的是与非，只是各人处事的方式、方法不同而已。

我还要感谢倪一飞、乐渭琦、陶竦等领导和同仁，是他们默默地帮助我做了许多具体而实在的工作，才使我出书的梦想得以成真，我想能称得上朋友的，大概就是他们这个样子吧。

我要特别感谢的是我的女儿，没有她的启发、鞭策，我是不会有这个“闲心”做什么笔记的；没有她的帮助，我也不会在电脑上操作什么粘贴复制、格式化、备份的。还有我的妻子、她的母亲周庆贤，没有她的“旁敲侧击”，我也不会坚持写这个笔记，没有她们就不会有这本《成语笔记》。总之，湛恩汪濊（huò，水大而深广的样子），令我无法用更多的语言来表达，唯有真真切切铭感五内！

2021年金秋沪上